뒤웅박
소리

뒤웅박 소리

김병학 시집

신아출판사

책을 여는 글

저는 옹알이 한지가 5년째 되지만 인제 비로소 더듬는 말을 하게 된 것 같습니다.

그래도 남들이 들을 때는 헛소리 같이 안할까 생각이 되어서 『뒤웅박 소리』라고 제목을 붙였습니다.

저는 늘그막에 한밤중에 일어나는 지독한 자야기침증子夜起寢症에 걸렸습니다.

하도 괴롭히기에 달래서 친구로 삼았더니 밤마다 찾아옵니다.

그럴 때마다 구름위로 달음박질하는 달을 보면서 글을 썼습니다.

조금씩 써서 모은 것이 책이 되었습니다.

오래 된 것은 쉴까봐 간을 조금 쳐놓았더니 아직까지 풋풋한 것 같습니다.

이번 제4시집을 내면서 보람 있는 것은 어려움이 많이 있었으나 49년 전 기억을 더듬어 월남전 참전 수기서사시로 엮은 것입니다.

자료를 제공한 청룡부대 전우들에게 감사를 드립니다.

이글이 뒤웅박 소리같이 생각되시더라도 북소리로 읽어 주시면 감사하겠습니다.

설 영근 글을 만나는 선후배, 친구, 동료들에게 미안하고 고맙고 감사합니다.

2014년 시암골 갈 뜰에서

봉암 김병학 씀.

제1부 풍광

제2부 사색이 피어낸 꽃

제3부 인색한 후회

제4부 갯바람 꽃

제5부 대한의 노래 4

제6부 우리 집 뜨락 5

제7부 정글의 별

– 월남전 참전 수기서사시

제1부

풍광

광양 매화꽃

섬진강 물길 따라
반짝이는 행성들
어느 달밤
은하수인가
강물이
파랗게 하늘같아서
이 강변에
내려앉았는가

살다가 지치면
모래톱에
몸 뉘고 쉬어가고자
굽이굽이 강변 따라
벙그러졌는가

깊은 물 하도 맑아
매년 요맘때면

여길 찾아 피는가.

※ 정읍MG산악회에서 광양 매화축제 다녀와

벚꽃 봄

벚꽃 봄을 보고
매화 봄은 진즉 와서
벌써 화려한 잔치를 다 벌였는데
너는 왜 인제
굼질대며 오느냐고 물었더니

남쪽 먼 바다 너울성파도가
앞을 가로막아서
좀 늦었노라고
그래도
빨리 오려고 했는데
황사 미세먼지가
숨을 쉬지 못하게 해서
더 지체 되었노라고

그래도
서둘러 왔노라며

잔뜩 지고 온 보따리주둥이를 여니
봄이 와르르 쏟아져
기다리던 벚꽃 망울이
부시시 벙그러지더라.

벚꽃로 벚꽃

어느 하늘에서 내려온
뭉게구름인가
벚꽃로 벚 가지에 뭉게뭉게
아름답기도 하지

반 십리길 구름터널
상춘객 구름을 이루니
마치
구름 밑에 구름이로다

시냇물 졸졸
자갈밭 굴러가는 여울소리 좋아
청잣빛 뱉어내는
눈부신 파아란 하늘이 좋아
여기 그냥 눌러앉았는가

삼보들*바람 입에 물고

우수수 날리는 하얀 눈송이로
아스팔트길 굴러가는 흰 꽃잎으로
뭉게구름
새봄을 노래하네.

* 삼보들 : 호남고속도로 정읍요금소 주변 연지들, 농소들을 통틀어 보가 3개있는 들녘이라 해서 부르는 옛 이름

고창 청보리밭 1

겨우내
땅속 깊이 뿌리를 묻고
기어이 눈보라 이겨내더니
어느새 어른 되어
푸른 비단옷 휘휘 둘렀구나

너의 모습
깊은 하늘빛보다 곱고
출렁이는 강 물빛보다 아름다워
비탈진 언덕배기에
바람도 구름도 놀다가 간다

사각사각
서로 몸뚱이 비비대여 짙푸른 빛 일구어서
그 빛깔로
허허로운 들도 말없는 산도 높은 하늘도
맘껏 품어라.

고향 청보리밭 2

정자에 앉아
넘실거리는 너를 바라보고 있노라니
부모님 생각이
묵은 기억보따리를 풀고 밖으로 나온다

가난을 등에 업고
팔다리 옹이 박혀 거친 부엉이 발톱 되도록
보리농사 숙명처럼 지켜오셨지
우리들 조롱조롱 달고
보릿고개* 넘을 실 때
풋보리 바심하여 허기를 달래주셨지

그 지독한 가난, 보릿고개
진즉 뚝 잘라 멀리 내버렸으니

---

* 보릿고개 : 가을에 추수한 쌀이 떨어지고 보리추수 할 때까지 먹을 것이 없는 시절을 말함

맘 편히 하소서

보리도 옛 과 같고
종다리도 여전히 하늘 높이 우짖는데
구름 따라 산으로 가신 아부지
바람 쫓아 막시골로 가신 엄니
지금 어디메 계실까
그을린 당신모습이
보리밭 사잇길로 걸어옵니다.

치신치심治身治心

내장산 골바람 따라
가 보아라
한들한들 피어 풍겨 오는 싸리꽃향기
능선을 넘나들고
서래봉에 오르면 천하를
얻은 기분
구름과 이야기하면
신선된 마음

하늘만큼 깊은 원적계곡을
걸어 보아라
곡조 구성진 멧새소리
청아하고
맘 씻어주는 골짜기 여울 노래도
환장하게 아름답더라
대웅전 앞뜰에 서 보아라
처마 끝 풍경소리에

속세에 찌든 티
안개같이 걷히리라

여보게들 심신을 편히 뉠 곳은
이만한데
또 어디 있겠는가.

경이로운 해생

봄, 여름
숱한 꽃들이 피었다 진다
바람 타고 나비처럼 날아서 지고
꼭지 채 떨어져 나뒹굴다 지고
잎 뒤에 숨어 남몰래 지고
그렇게들 가면서
그 자리에 삥아리 눈곱만한 씨알을
붙여놓았다

씨알은
땡볕이 지구를 달구어도
싹쓸바람이 지축을 흔들어도
굳센 의지로 끝끝내 가지를 붙들고
점점 탐스러운 열매로 자랐다

가을 눈부신 햇살
와르르 쏟아져 내려와

토실토실한 열매에 앉아
분주하다

돌아보면
묵묵히 간 꽃들의 희생이
경이롭다.

갈바람

시원한 바람 한줄기
땡볕에
달구어진 뺨을 스친다

아 -
이것이 웬 바람인가
하였더니
서쪽하늘 끝에서 천리를 달려온
하늬바람이라

내장산 풍광이 그리워 어서 오고파 하였으나
여름이 자리를 내어주지 않아
이제 왔노라고
쥐꼬리만큼
몸을 틀고 엉덩이를 들어 비켜 주길래
비집고 찾아왔노라고
가을 소식 전하고자

우선 먼저 왔노라고

나뭇가지 끝에 앉아서
한들한들한들.

달음질치는 세월

새가 날아 앉는다
나뭇가지에 주렁주렁 앉는 새가
갈바람 휙 -
지나니
우수수 날아
땅바닥에 내려앉는다

한번 날다 앉은 새는
다시 날지 못하고
바람 쫓아
이리저리 나뒹군다

자세히 보니
낙엽이더라
아니 세월이더라
슬금슬금
달음박질치는 세월이더라.

은행잎 꽃

따뜻한 봄볕이
푸른 하늘에서 소나기로 쏟아질 때
마른가지에서 눈을 뜹니다
이슬을 맞고 햇살을 마시며
어른 잎이 되어
짙푸른 기상으로 하늘을 품습니다

비바람 태풍이
아무리 흔들고 붙들고 달려도
꽉 잡은 손을 놓지 않습니다

자기소임을 다 한 뒤에는
샛노란 잎꽃으로
종말을 알리고
허연 서릿발 숭숭히 일어서면
스스로 온몸을 떨구어
생을 접습니다
최후가 아름답습니다.

진눈깨비

뿌연 하늘에서
질퍽한 진눈깨비가 우수수
내린다
아스팔트에 부서진 몸이
빗물로 줄줄 흐른다

어찌하여
고결한 순백의 모습 버리고
흐르는 물이
되었는고

자기 고향이
금빛물결 이는 호수라서
고향 가고파 집시랑물로 흐르는가
고향산천이
가슴을 온종일 들락거려
고향 가고파 도랑물 되었는가

졸졸졸
담박질로
고향천릿길 달려가네.

첫눈

산 밑자리까지 내려온
뿌연 하늘에서
솜 눈송이가 펑펑 내린다

올 결 들어서서
첨 맞이하는 순백의 천사
바람도
경의한 모습에
잠시 멈춰 서있다

나는 얼른
세속에 찌든 혼탁한 맘을 꺼내어
앞마당에 넓게 펼쳐놓았다
눈이 소복소복 쌓여서
돌돌 말아 다시 넣으니
나도 티 없는 천사

새하얀 행복에
눈을 지그시 감는다.

까치밥

잎 다 떨 군 나목
감나무
맨 위 끝가지에 서너 개 매달려
대롱대롱
허기진 까치 만나려고
몸을 달구고 태우며 목을 길게 빼고
길목을 지키고 있다

하얀 눈이
모이를 모두감춘 추운겨울
까치가 남기고가면 동박새가
동박새가 남기고 가면 멧새가
고픈 배를 채운다

— 이것들
— 의리하나 끝내주는 구만 그려
— 희생하고 서로 나누워 먹은 것은

— 어디서 배웠디야!

해마다 세밑 어느 날
노송동주민센터에 나타나는
얼굴 없는 천사*처럼
이놈들이 이 무딘 가슴을
찡하니 울리는구먼.

---

* 얼굴 없는 천사 : 해마다 성탄절 전후 노송동주민센터 화단에 돈 뭉치를 숨겨놓고 주민센터에 연락하여 불우이웃 돕기를 하는 이름을 밝히지 않은 사람.

제2부

사색이 피어낸 꽃

내장호 2

내장산에서 태어난 옥수玉水
바다로 가고 싶어
산을 더듬더듬 내려와 동진강 찾아가다
호수제堤 넘지 못하고
서래봉 치맛자락 끝에 모여 산다

수평선은 바다 끝에 올려놓고
하얀 등대는 바위섬에 세워놓고
그리움 씹으며 산다

바다로 가는 날
기약 없어
서해하늘만 바라보며 산다

오늘도
그리워 하도 그리워서
호수를

종종걸음으로 건너는 바람 붙들고
바다소식 물어본다.

톱니바퀴

눈비비고 부스스 일어나
창문을 열어보니
하루가 살아나고 있다

붉은 낮달이 탱글탱글
산마루 위로 고개를 내밀고
바람은 초목을
가만가만 흔들어 깨우며
구름은 잰걸음쳐
하늘을 건너간다
온 세상이 바시락 바시락 눈을 뜬다

하루가 눈을 감을 때는
내일이 다시 핀다는 기약
하루가 돌고 돌면 달이 되고
달이 돌고 돌면 해가되니
하루와 달과 해는 맞물려 돌아가는

톱니바퀴

톱니바퀴가 돌고 돌면
바로 그것이 세월
우리네 인생도 속절없이
덤으로 돌아간다.

세척洗滌

내장호 둑에 앉아
새파랗게 곤히 잠든 물을
바라보아라

갈바람이
잰걸음으로 강을 건너니
물결이 일고
가을 눈부신 햇살이
금빛을 색칠하니
호수의 온몸에서 금빛이 난다

그것을
물끄러미 보라
속세에 찌든 혼탁한 무거운 시름
한 가닥씩 한 가닥씩 다 사라지고
빈 머리통에
맑디맑은 호수의 금빛이

가득

돌아서는 발걸음이
가볍니라.

풍경소리

땡그랑 땡 땡그라앙
붕어*가 가느다란 소리로
가슴에 사무친 어머니를 부른다

생전에 불효로 뼈에 맺힌 고통을
해탈하고자
호수를 떠나
산사 처마 끝에 둥지를 틀었다
참회로 불효를 씻고자
밤을 뜬눈으로 수행하면서
대웅전 독경소리에 욕된 몸을 헹구고
온몸을 흔들어
어머니를 부른다

청아한 목소리가
고요를 걷어내며 골짜기를 메우고

---

* 붕어: 법당 처마 끝에 다는 작은 종 내부에 달린 쇳조각

벼랑에 부딪쳐 물안개로 승화
하늘로 피어오른다

오늘도 종일
청량하게 울리는 소리에 효를 담아
산천을 건너 하늘로 오른다

오!
그대의 정성이
하늘에 닿으리다.

호수

맘이
텅 비어 외롭고 허전 할 때
억장이
무너져 내리어 감당이 겨울 때
자주 찾아
반짝이는 금빛물결을 보면서
머릿속 잡념을 게워내고
하얀 물빛으로 채웠던 곳
오늘도 친구들 만나고 나서 인생무상 하여
부친 노구를 달래려고
호수를 찾았습니다

나는 늘그막에
여러 친구들을 사귀었습니다
정형외과친구, 내과친구, 비뇨기과친구
그 외에도 많은 친구가 있습니다
하루도 친구를 만나지 않고는

살수가 없습니다

저편 멀리
금빛 잔물결 끝에 시선을 내려놓으니
마치
내 돌아갈 내 먼 집같이
아물아물 합니다.

쟁반 달

때는 오밤중 축시丑時
잠 이리저리 뒤척이다
— 에라, 책이나 읽자
이불을 박차고 일어나 거실에 드니
등불처럼 훤한 달빛
바닥을 어루만지고 있다

이게 누군 고
정말 얼마 만에 보는 님 치마 자락인고
반가워서
유리 창문을 열고 고개를 내밀어
눈길 검은 허공으로 던지니
둥글넓적한 쟁반 달님
환하게 웃으며 중천에 걸터앉아있구나

어릴 적
구름 서둘러 흘러가던 밤

둥구나무에서 소쩍새 구슬피 울적에
고향 하늘에서 만났던 님
오랜만에 여기서 만나니 반가워
맘 달음질로 달려가
덥석 얼싸안았네.

허수아비

바람만 건너다니는
텅 빈 들녘에
넝마를 두른 채 양팔 벌리고
왜 그렇게 서 있느냐

지키던 주인들도
쫓던 도둑떼도
다 가고 없는데
어찌하여 홀로 남아 있느냐

조금 있으면
맵찬 바람
본드처럼 찰싹 달라붙어
속살로 비집고 들고
땡땡 언 땅에
한설 첩첩이 쌓일 텐데
그래도 그대로 서 있겠느냐

음산한 파도
밀려오기 전에
네 갈길 어서어서 서둘게나
갈 햇살도 곁에 앉아
두런두런
빨리 떠나라 이른다.

거시기

초롱초롱 새벽 별이
너무 아름다워
태산 꼭대기에 올라
바로 서서보니
구름은
턱밑에서 놀고
하늘소리
가깝게 들리더라

푸른 달빛
천지에 가득히 흐르고
촘촘한 항성들이 툭툭 내뱉는 빛살
눈이 부시더라

창공에 걸려있는 별 하나 따서
거실천장에 매달라 놓았다가
별들 몸 감춘 날

전기 등불 쏘시개 불씨로 쓰고 싶어
팔을 길게 내밀었다가
속세에 찌든 손 너무 거시기해서
차마 거시기하지 못하고
바라만 보았더라.

목걸이

서랍 속에서
곤히 잠든 목걸이를 꺼냈더니
햇살이 부시어 잠시 눈을 열지 못한다
9317096 해병대(청룡부대)군번
목걸이가 가볍다
월남전에서
피땀을 너무 흥건히 흘려 그런가

펄펄 뛰던 내 청춘
신출귀몰로 귀신 잡던 내 용맹
다 잊었을까

총탄이 비 오듯 쏟아지는 정글
천지를 뒤흔드는 포성 속에서
울부짖는 비명소리들
기억하고 있을까

어느 정글 귓불에서
쓰러져 흙이 되면 나를 밝힐 너
지금은 서랍 속에 몸을 묻고
아련한 옛 추억을
꿈꾸듯 더듬고 있는가.

세밑

오늘이 절기상 대한
일 년 중 가장 추운 날
그런데
동장군 마실 가셨나
그 매서운 기세는 어디 갔는가
앞바람 나뭇가지에 놀고 가랑비 오락가락
힘 빠진 햇살만 구름 속에 갇혔구나
삼한사온의 모습 많이 변했다는데
대한도 엇박자인가
내일에야 눈 온 뒤 기온이 좀 내려간다는
일기예보

열흘쯤 가면 섣달그믐
야윈 달은 손톱 얼굴
수척한 모습 수줍어 새벽녘에 얼굴 내밀고
붉은 태양 야금야금 어둠을 삼키면
서둘러 하늘 속으로 몸을 감추지

섣달그믐은 세밑의 끝
지나온 길 뒤돌아보니
끝은 또 시작이라
송구영신

벌건 하늘이 묵은해年를 품고
서산 골짜기로 떨어진다
해는 돌고 돌아 푸른 말*로 태어나서
새해를 힘차게 달릴 것이다.

※ 푸른 말: 2014년 새해

제3부

인색한 후회

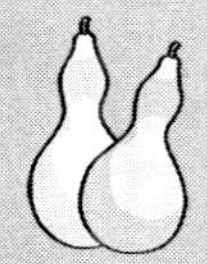

인색한 후회

꾸역꾸역 몰려가는
관광객에 섞여서
낙안읍성 성안으로 들어서는데
성 밖 초가집 처마 밑에
쪼그리고 앉아있는 노파
구리 빛으로 그을려 주름 골골이인 얼굴
머리를 뒤로 쪽 져 비녀 꽂는 모습이
생전 영락없는 우리 어머니
설익은 못난이 감
작은 소쿠리에 몇 개 담아놓고
관광손님들의 시선을 애타게 기다린다

초라한 할미의 모습이 맴속을 얼른 훑고 간다
성큼 다가가 이감 전부 얼마나 합니까 물었더니
만원이라고 대답한다
만원을 주면서
나는 감을 먹으면 변비가 생기니

그냥 받으시라고 내밀었더니
할머니는 안 된다고 사양하여
떠밀듯 주고 뒤돌아섰다

정오를 갓 넘긴 오후 햇살이
할머니의 등위에 앉아
눈을 부스스 뜨고 있었다

오는 길에 차창밖에
할멈의 모습이 자꾸 밟힌다
2만원이나 주고 올 것을
인색한 나 자신이 밉다
후회가
가슴을 무겁게 짓누른다.

첩첩 산

처음 책임을 맡았을 때
작은 뜻하나 품어 썼습니다
그것을 향해 뚜벅뚜벅 걸어가니
보람차고 즐거웠고
한발 한발 앞으로 나가는 것이
더없는 기쁨이었습니다
내가 살아있었습니다
그런데
앞날이 순탄하지만 안했습니다
앞에 높은 산이 하나 있었습니다
처음산은 선배, 동료의 격려로
넘을 수가 있었습니다
목까지 차오르는 가쁜 숨을 내뱉으면서도
능선을 하나하나 넘을 때마다
무엇인가 완성해 가는 것 같아 즐거웠습니다
산을 다 넘고 나니
누가 또 산을 하나 가져다 놓았습니다

그 산도 즐겁게 넘었습니다
산을 넘을 때마다 무엇인가 이룬 기쁨 그리고
책임을 다 한 것 같았습니다
두 번째 산을 넘고 나니
누군가가 또 태산을 앞에 가져다 놓았습니다
보이는 산이 너무 크고 높았습니다
세 번째 산을 넘으면서
한 가닥 남은 기력까지 한 방울 남은 정열까지
다 태웠습니다
기진맥진 하여 산을 내려올 때
자욱한 안개를 헤집고
예배당의 종소리가 아련히 다가왔습니다
그때
짐을 내려놓고 지게를 벗어버리면
산을 넘지 않고 돌아가는 길이 있다는
슬기를 깨달았습니다
마음을 먹고 각오를 다지니
시름, 번뇌, 고통에서 자유로워집니다
거친 맥박도 요동치던 심장도
잠잠해 집니다
마음을 침상에 눕힙니다.

엉터리 작가

언젠가 친구가 물었다
— 자네 제일 소원이 무엇인가
— 로또일등당첨이네, 말했다
— 다음은
— 외아들 장가네
— 다음은
— 건강이네, 하였다

고희 넘은 인생 무슨 큰 꿈이 있겠소 만은
한평생 숨도 안 쉬고 담박질 쳤으나
큰 재산 못 모으고
아들 장가들어야 눈을 감을 것 같고
남은 인생 건강하게 살다가고파
그렇게 말했다

그런데 좀 꺼림칙하다
내 운명은 이미 조화신께서

점지하여 놓았을거늘
어찌
엿장수 맘대로 한단 말인가
조화신님 건방떨어 죄송 하오이다

나는
내 운명을 내 맘대로 엮어
꿈 드라마 만드는
엉터리 작가.

정월 대보름의 추억

소싯적 정월 대보름 전야
먼 산 등 너머 달 오르기 전 동구 밖에 집합
골목대장의 명령이 하달
저녁밥 벼락치기로 뚝딱 비우고
엄니 몰래 아궁이의 삭정이 불씨를
숭숭히 구멍 뚫린 망우리깡통에 넣어
달음박질 쳤었지

망우리! 소리치며
깡통을 빙빙 돌리니
관솔에 불씨 일어나는 윙윙 소리에
어깻바람이 났고
강 둑 논밭두렁 쥐불놀이
불꽃이 훨훨 풍년을 약속 했었지

휘영청 달 솟으면
개구쟁이들 마을끼리 병정놀이 기 싸움

이웃동네어귀에서 고래고래 소리치면 아무 대답 없고
어둠 지키는 별들만 눈 깜박깜박
돌아오는 메아리 우리 고함소리뿐 적은 전멸
승전의 기상 의기양양하여 돌아왔었지

잠자면 눈썹 하얗게 된다는 어매 말씀에도
무거운 눈꺼풀 이기지 못해 곯아떨어지고
아침 엄마 성화에 일어나보니
요에 세계지도가 그려져 있었지
— 이놈이 불장난하더니 거시기 했구먼. 빗자루 매타작
하루아침에
키 쓰고 이웃집 다니며 소금 구걸하는
신세 되어 썼지.

옹기로 태어났으면

이 못난 성질머리가
미친 듯이
불처럼 퍼붓고 나면
돌아서서
속마음은 미안하고 죄송스러웠습니다
그렇다고 다시
주워 담을 수는 없었습니다

짝퉁 말고 진짜 조선국산
점토 1말 구해서
맘하고 같이 잘 섞어 버무려 빚는 다음
유약을 발라 가마에 넣고
1200도로 잘 구우면
참기 힘든 몸부림이야 두어 고비 있겠지만
천장을 뚫고 올라가는 옹고집도
꺼질 줄 모르는 불같은 욱 성질도
열 가마 속에서

바싹바싹 말라 타서
흔적도 없이 다 사라지겠지요

몹쓸 것 말끔히 털어 내고나서
수더분하게 구수한 몸내음 풍기는
친근한 조선옹기로
다시 태어나고 싶습니다.

잃어버린 품

곁 끝 꽃샘바람 달리기 경주 날
한기 속살까지 비집고 드는 이른 아침
가래 끌끌거리면서
쓰레기통 뒤지며 빈병 주워 담는
노파가 있다

유모차에
빈병 자루를 싣고
낙타 몸 부린 채 기우뚱거리며
세발로 아스팔트를 쓸고 간다

다 팔아야 서푼어치도 안 되는 것에
목숨을 걸고
또다시 찾아 어디론가 나선다
맵찬 바람도 인정은 있었는지
잠시 발걸음을 멈춘다
이 늙은 여인의

따뜻한 품은 어디에 있는가!

꼬부랑 할매 지나간 자리에
하루가 눈을 뜬다.

형님

— 형님, 이 소리는
부르는 사람 받는 사람 모두가
정이 흠뻑 젖어드는 친근한 말
공직생활 할 때
정말 꼭
형님이라고 부르고 싶은 사람이 있었다

그 사람은 항상
다정하고 포근한 맏형 같은 사람
계장, 과장으로 모시면서
다년 한사무실에서 근무하였지

이제는 서로
퇴직하고 같이 주름져가는 처지
허물 트고 지낼 때도 됐건만
가끔 만나면서도 너무 존경스러워
차마

형님이라 부르지 못했다

맴속에서 뱅뱅 도는 오래 묵은 형님소리
담 만날 땐 꼭 '형님' 하고 불러서
틀 듯 하면서 트지 못했던 맘 벽
확실하게 터야지.

그라운드 골프

푸른 융단을 옥구슬이 술술
굴러간다
사람들이 졸졸 따라가며 주름진 건강을
다진다
한 바퀴 돌면 240미터
5라운드 돌면 1키로 200미터
늙은이 운동으론 맞춤

샷을 하고
아장아장 기우뚱기우뚱
걷는다
어찌 젊은네들이랑 같을 소냐

자세를 바로잡고 몸과 정신을 모아
혼을 불어넣어 티샷
숨을 멈추고 볼을 응시
볼은

홀인을 향해 푸른 잔디를
미끄러져 간다
홀포스트를 살짝 비켜서 서니
아차!
탄성이 절로 나온다
2타만 하여도 훌륭해

오늘 또 유쾌한 반나절.

신 반상회

우리 집은
19층 아파트 1,2라인 2층집
우리 라인에는 38개의 개미집이 있다
출입구멍은 단 하나
사람들은 용케도 자기 집을
잘 찾아 드나든다

몇 집은 잘 알지만
그 외집은 속내를 어찌 알겠는가
낯익은 사람 같으면 우리라인 사람이거니 하고
고개 끄덕끄덕

어떤 집은 내외가 등산복 가게 운영
아는 친구는 공무원 퇴직
어느 집 주인은 학교 이사장
어느 젊은이는
입구에서 또는 길가에서 자주 만나는데

항상 바쁜 걸음
대충 그 정도

70년대 묵은 반상회 말고
신 반상회 한번 가졌으면 좋겠네
술 한 잔 나누며
형님 동생 마음 털어놓고
깊이 묻어 두었던 정 꺼내어
서로 나누고

여보시오 아파트 주민 네들
이웃사촌이
먼 친척보다 가깝다는데
서먹서먹한 그늘 확 걷어내고
자존심에 찰싹 붙은 체면 탈탈 털어버리고
신반상회 한 번
시방 싸게싸게* 해보았으면
어떻겠어라우.

---

* 시방 싸게싸게: 지금 빨리빨리 의 전라도 사투리

제4부

갯바람 꽃

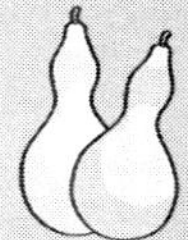

갯바람 꽃

선운사 동백꽃은
짭짤한 향내로 코를 흔듭니다

갯바람이
겨우내 바다를 드나들며
짠물에 찌든 몸으로
천마봉을 넘어들어
대웅전 앞 나뭇가지에 앉아
부처님을 향해 합장
나무아비타불관세음보살 염불로
움 틔워 피어낸 꽃이어서
짠내가 흥건합니다

꼭지 채 떨어져서
나뒹굴어도
간간한 내음이 진동 합니다

새빨갛게 피어있는 선운사 동백꽃은
곧
서쪽바다에서 달음박질쳐온
갯바람 꽃입니다.

고인돌

고즈넉한 산자락 풀밭에
파도는 바다에 두고
섬처럼 앉아있는 돌무덤

그동안
수천만 번 산천이 변하고
수없는 사람들이 왔다 갔어도
원시모습 그대로 그 자리에
있는가

부싯돌로 불 지피고
돌 창칼로 허기 채우던
선사시대 너의 주인은
수많은 세월에 할퀴어
촉루髑髏도 영혼도 흔적이 없고
물기 잃은 진토뿐인데
그 자리에 그대로 지키고 있는가

너 자신도
끝내 몸뚱어리 부서져 흙이 될지언정
그 자리를
차마 떠나지 못하는 대쪽 같은 네 맘에
감탄하지 안 할 자 누구랴.

짝사랑
– 산

나는
산골동네에서 태어나
산과 마주보며 의좋게 자랐다

새끼들 주렁주렁 달고 정신없이 살 때는
새벽운동 한다고
어둠길 더듬거리며 산에 올랐고
퇴직한 후에도
산악회 따라
이산저산 찾아다녔다
늘그막에는 관절통으로 힘 부치어
산사에 가서 산을
바라만 본다

그런데 산은
소리쳐 불러도 대답이 없고
내가 다가가지 안하면 만날 수 없다

야속하다고 생각을 버리면
맘을 두드리지 아니한다

세상 끈 놓으면 산에 누울 나
오늘도 산이 좋아
내장사 대웅전 앞마당에 서서
서래봉을 바라본다.

징검다리 향수

아주 어릴 적
아버지 따라 보리밭 갈 때
동생 손잡고 찔레고동 꺾으려 갈 때
냇물 건너던 징검돌

새날이 부시시 눈을 뜨면
청수에 몸 씻고 티 없는 창공에 맘 씻고
정갈한 몸뚱어리로 독자갈밭에 앉아서
인기척 기다리고
장마로 범람하면
탁한 물속에 꼭꼭 숨었다가
다 가고나면
얼굴 내밀고 반갑게 반기였지

보리밭 가던 길 더듬어보니
뻐꾸기는
그 옛 과 같이 청산 붙잡고 울어대는데

내깔* 건널 때 등 내밀던 징검다리는
온데간데없고
낯선 콘크리트교량만이 땡볕에 누워
향수를 훔쳐가는구나!

---

* 내깔: 내의 전라도사투리

봄맞이

봄은
아득한 하늘에서
우박처럼 쏟아진다기에
큰 바구니를 챙겨들고 지붕위에 올라
몇날며칠 기다려 보았으나
봄은 보이지 안했습니다

봄은
바다건너 남녘 끝에서
밀물처럼 밀려온다기에
돛단배를 짊어지고 산꼭대기에 올라
멀리 시선을 보냈더니
한꺼번에 몰려오는 것이 아니고
아지랑이 같이 가물가물
시나브로 오고 있었습니다

반가워서 마을로 내려와

동네방네 고래고래 소릴 질렀더니
사람들은 나를 보고
껄껄 웃고 있었습니다

알고 보니 이미 다
남쪽에서 조금씩 온다는 것을
알고 있었습니다.

하늘님이 골나셨는가!

비구름 어디에 꼭꼭 숨겨두고
넓디넓은 하늘
왜 홀로 데야

땅에서는 자동차
하늘에서는 비행기
산업단지에서는 우뚝 선 굴뚝
밤낮으로 뿜어대는 배기가스에
온실가스가 천지에 가득하고
오존층은 점점 얇아져
놋그릇 가마솥이 되였으니
하늘 님도 성질 낼만하지

태양은
잉걸불이 되어 불꽃이 이글이글
땅덩이가 후끈 달구어져
낮에는 불볕 찜통

밤에는 열대야
남극, 북극에서는 빙산이 엄청나게
녹아내린다지

말세가 되면
불로 심판 한다더니
그 말이 맞능갑네.

벌초

부모님 나란히 잠들어 계신 집
어쩌다가 구름 그늘만 스쳐 지나가는
막시골 외딴곳
추석 앞두고 그곳에 형제들 다 모였네

제멋대로 자란 무성한 잔디
이발하여 드리고
잡초는 뿌리 채 뽑아내며
움푹 꺼진 벌은
흙으로 잘 다독거리고 나서
한숨 돌리고 보니
묘소 언저리에 부모님 넋인 듯
백일홍이 빙그레 웃고 있습니다

생전에 못 다한 효
이제 와서 어찌 다 하리요
아부지, 엄니 주무시고 계신 집

정성 다하여 지키리다

모신 곳
외롭게 두고 돌아서는 하산 길
해 그림자가
못 잊힌 부모님 맴*인지
자꾸자꾸 따라 붙습니다.

---

* 맴: 마음의 전라도 사투리

자화상

뱃사공이
바다를 다 건너와서
닻을 내리기 전에
건너온 시퍼런 바다를 뒤돌아본다
이제야 늘그막에
철이 들었나 보다

그동안
무엇을 얻으려고 무엇을 이루려고
거친 너울을 헤치며 숨차게
노를 저었던가

말단 공직생활 퇴물
자식농사 겨우 밥풀칠
자상하지 못한 가장
내놓을만한 것은 쥐뿔도 없다

후회가
바윗장 무게로 짓누를 때는
이미
되돌릴 수 없이 너무 깊이 온 날
남은 세월은 해거름

파도가 깨어지면서 사라지는
하얀 포말을
물끄러미 바라보는 사공의 몸에
세월의 황혼이 젖는다.

밥그릇

싱크대 살강 밥그릇은
엎드려 힘들게 살아갑니다
전생에 무슨 죄가 있어
저리 어렵게
살아가는지 알 수 없습니다

어쩌다가
바로 앉히면
참았던 숨을 한꺼번에 몰아쉬고
하고 싶은 말 끝내 못하고 입만 크게 벌린 채
침묵 합니다

그릇은
업보를 씻어버리고자
희생하고 봉사하면서
선을 닦으며 살아갑니다

엎드려 살다가 바로 앉을 때는
힘에 부친 큰 짐을 안고
짐을 내려놓으면
엎드려 살아갑니다
그것이 그가 선택한
자신을 다스리는 고행 길인가.

옛 동무

솜 눈송이가 잿빛 하늘에서
퐁퐁 빠지던 겨울밤
가마솥에 고구마를 대충 씻어 넣고
아궁이에 삭정이를 꺾어 불 지펴 때면서
수다 떨며 기다리던 옛 동무들
지금쯤
어떻게들 살고 있을까

기성이는 서울에서 경찰공무원 했다는데
집 한 채라도 가지고 살겠고
복례는 육군 장교하고 결혼 했으니까
밥술이나 먹고 살겠지
착하디착한 영민이는 일찍이 홀로 되었다는데
어느 처마 끝에서
고독한 눈물 훔치고 있지나 안할까
아니 벌써 은하수 건너가
천사들과 하얀 날개 저으며 평화롭게

지내고 있을까

아득한 기억 속에서 걸어오는
옛 동무 그리워
온 세상 떠도는 바람에게
천하를 굽어보는 구름에게
이 소식 저 소식 물어본다

옛 동무 그리는 먼 시선위에
어스름 내린다.

제5부

대한의 노래 4

오동도 동백꽃

한설을 딛고
맵찬 갯바람 휘휘 두르고도
끝내 파도노래 붙들고
꼿꼿이
예쁘게 벙그러진 오동도 동백꽃

그 꽃 하도 곱다기에
새벽길 서둘러 천릿길 왔건만
어찌하여 저리 뚝뚝 지고 있는고
오늘따라 바람도 없는데
하필
내가 온 날
저리도 우수수 지는고

꼭지 채 떨어져 나뒹구는 꽃
여수 앞바다에서
갓 건져 올린 고등어처럼

거친 숨 몰아쉰다

마침 떠도는 구름 있어 물었더니
애석하게도 막 피어오르고 있는
아산 단원 고교 여린 애들의
넋이란다.

※ 아산단원고등학교 2학년생 325명과 교사15명이 제주도 수학여행을 가기위해 세월호 여객선에 탑승 인천항에서 출항 제주도를 향해 가던 중 진도앞바다에서 2014년 4월 16일 9시7분에 여객선 침몰로 251명이 사망.

6 · 4 지방선거

2014년 6월 4일은
온 나라 방방곡곡에서 심지가 강쇠 같은
선장을 뽑는 날

휴대폰은
메시지 과식으로 배가 터지고
유세 확성기는
앙칼진 소리로 절규를 토해 핏발이 서고
사람은 이 생각 저 시름으로
머리통이 깨진다

세월호 참사로 피지 못하고 진 꽃봉오리 들
치상도 다 못해서
슬픈 가슴 바위처럼 무거운데
선거판이라고 요란할 수 있겠는가
비방, 로고송, 율동은 접어 속에 넣고
숨도 고르고 몸짓도 잠재우자

승객을 버리지 않기 위해서는
선장과 배는 서로 배신할 수 없는 한 몸
올곧고 산맥 같이 튼실한 일꾼
뽑아야 할 텐데!

떠도는 영혼들
— 세월호 참사의 넋

진도 팽목항에는
바람이 이리저리 뛰어다닌다
때로는 큰 한숨으로
방파제를 삼킬 듯이 흰 이빨로 으르렁 거리고
때로는 하염없는 눈물로
부슬부슬 부두를 흠뻑 적신다

먼저 돌아온 넋들이
아직 물속 깊이 남아있는 벗들과 함께 가고파
목 놓아 불러보지만
바다는 시퍼렇게 입을 다문 채 대답 없어
하늘나라 은하수 건너지 못하고
금생을 떠돌며 방황하는 것

애들아
곳곳에 나부끼는 노랑 깃발을 보았느냐
온 국민의 가슴이란다

서둘러 떠나거라
자리 잡고 기다리면
꼭 찾아 곁으로 보내주마

망울로 진 꽃들아!
태양이 지지 않는 곳에 가서
못다 이룬 꿈 활짝 피워라.

녹두꽃*
– 동학

한 만큼이나 뜨거운 여름 한복판에서
뙤약볕에 핀
가슴 응어리 풀어내는 꽃

1894 갑오년 큰 뜻 품고
배들 벌에서
대순처럼 일어선 제세안민의 민중봉기가
뜻을 이룬 듯하였으나
왜 세 침입으로
조선 낫 들은 채, 죽창 잡은 채
민초들은 쓰러졌고
그 넋이 지금까지 구천을 떠돌며
녹두꽃을 노랗게 노랗게
피어냈습니다

성스러운 꽃

* 녹두꽃: 녹두장군의 상징

피우고 또 피워내도
맺힌 원한을 다 풀지 못하여
백성들의 그 혼백은
그 한풀이 꽃을
해마다 피어냅니다.

※ 3월 5일 동학 120주년 고부봉기 기념제 즈음하여

홍의장군
– 곽재우 의병장

KBS 뉴스
일본아베총리 야스쿠니 신사 전격 참배
우경화 노골화
뉴스를 듣는 순간 게다* 소리가 머리에 가득 찬다
점점 소리가 커진다
머리통이 괴롭다
1592년 임진년 4월 평화로운 이 땅에
왜 조총소리가 마른하늘에 번쩍이고 천지를 흔드니
구름도 그 자리에멈추어 서고
땅이 놀라 벌떡 일어났으리다
평화를 짓밟고 가진 것 모두 약탈하니
나라사랑이 불타는 곽재우장군
소용돌이치는 울분을 참지 못하였으리다
착한 백성들이여
도검을 들어라

---

* 게다: 일본의 나무 신(왜나막신)

활과 창을 잡아라
그리고 나를 따르라
핏발 친 호령이 산허리를 휘감고 들을 휩쓸고 갔으리다
죽순같이 일어난 의병들
구름처럼 모이니 대적 할 자 누구랴
그 앞에 쓰러져가는 왜병들 추풍낙엽이라
이름만 바람결에 들려도 혼비백산하니 그 이름 홍의장군이라
누명에 구금생활 탄핵에 귀양살이하면서도
원망을 용서로 사르고 오직 나라시름에 밤 깊었으리다
한평생 나라를 위해 몸 바친 장군
은둔세상 접으시고 마지막 가실 때
안간힘으로 허공을 저을 때
차마 눈을 감지 못하였으리다
지금도 나라를 못 잊어 구천을 떠도는 혼백이여
나라는 한강의 기적을 이루었고 10대 강국으로 도약하였으니
이제 마음 놓으시고
충의새로 훨훨 날아
하늘나라에 이르소서
당신 앞에 제단을 쌓고
그 충정을 길이길이 기리고 있나이다.

억새꽃 3
– 정읍사 여인

해름 녘 놀이
텅 빈 들녘을 벌겋게 태울 때
고속도 정읍 나들목
언덕배기에 서서
정촌현*을 오가는 객들에게
어서 오십시오
잘 가시오
흔들어대는 저 허연 손은
누구의 혼백인가

억새풀로 환생한 정읍사여인이여!
사랑의 깊은 시름이
가슴에 큰 바윗덩이로 굳었던가

그 시름
풀어버리고 싶어서

---

* 정촌현: 전라북도 정읍시의 삼국시대 이름

바위를 빚어서
허연 손 만들었는가

오늘도
벌건 물감을 온 몸에 두르고
하늬바람타고 한들한들
허연 손 저으며
지친 시름 푸는가.

천년의 기다림

— 망부상*

행상나간 남편을
서낭당* 고갯마루에서
기다리고 기다리다 몸이 굳어
선 채로
돌이 된 백제 여인이여!

지금도 그이를 못 잊어
1500년의 세월을 뛰어넘어 현재로 돌아와
정읍역 광장 우편에 망부상으로
환생하였나

어스레 땅거미 지면 깜깜한 어둠길
물구덩이에 빠질까

---

* 망부상: 백제시대에 정촌현(정읍)에 살던 한 여인이 행상나간 남편을 기다리다 지쳐 그대로 망부석이 되었다 하는 전설

* 서낭당: 정읍사 백제 여인이 행상나간 남편을 기다렸다는 고개.(현재 정읍시 초산동 아양고갯마루)

돌뿌리에 채일까
시름에
잉걸불처럼 타들어가는 가슴을
그 누가
헤아릴 수 있었겠는가

달님이여 높이 돌아
그이 발길 밝게 비추어 주소서
절절한 기도
달님의 가슴에 닿고도 남았으리다

지칠 때는
남편이 벙그레 웃으며
잰걸음으로 달려오는 환상으로
힘을 내였으리다

사랑이란
오래참고 용서하고 기다리고 희생하는 것임을
우리는 깨달아야 하리

지순한 당신의 모습이 승화하여
샘골井邑의 여인상으로
천년을 기다리는 설화로

정읍과 함께
천년도하고 또 만년도 하세.

제6부

우리집 뜨락

아내 없는 자리

아내가 오늘 계모임에서
1박2일 관광을 갔다
주름 더 일기 전에
한판 놀아 보자고
풀기 더 떨어지기 전에
구경 다녀온다고

버스 안에서
정말 재미있게 뛰고 놀았을까
아니면 힘 부쳐
창밖으로 시선만 뚝뚝 보내고 있었을까

해거름 녘
약국에서 약 사들고 돌아와 방문을 여니
맨날 살던 방이
바람 제멋대로 들락거리는
텅 빈 들녘 같더라.

긴긴 하루
- 추석 전날

먼 지난날
품 떠난 자식들
온다기에

아들 좋아하는 감주 만들라
큰딸 잘 먹은 게 재울라
막내 딸내미 즐겨 찾는 송편 빚어 찔라
등거리 낙타 등 되어도
그저 즐겁기만
허리 무너져 몸 파김치 되어도
얼굴은 꽃 웃음

엄니 부르며
문턱에 들어서는 자식들 모습이
온종일
눈앞에서 오락가락

하루해가

길다.

다시 찾아든 행복
— 추석

날개 돋혀
각기 제 둥지 찾아 갈 때
뒤돌아보고 또 보고 간 자식들
새끼들 양손에 잡고
명절이라고 옛집 찾아드니
사람 냄새 집안에 가득
즐거움이 질퍽하다

자식들 다시 품어보니
뜨겁던 옛 체온
가슴에 촉촉이 젖어들고
멈추었던 생기
온몸을 안고 돌고 또 돈다

성묘 드리고 돌아와
빛바랜 묵은 흑백 사진 꺼내놓으니
옛 이야기가

세월의 강을 건너와
웃음꽃으로 온방에 자지러진다

늘
오늘만 같았으면.

세배

까치설날은 섣달그믐
손주녀들 설날은 정월 초하룻날

우리내외가
태산처럼 앉아 있다
천리를 한달음에 달려온 자식들
작은 산맥같이
새끼 산 줄줄이 옆구리에 차고
예를 갖춰 넙죽 큰절

손주녀 놈들 따라서
때때색동옷입고 고사리 손 모아 세배
귀염이 방바닥에 뚝뚝 떨어진다
– 세뱃돈 쥐어주며 씩씩하게 자라야 돼, 하니
– 고맙습니다, 인사도 야무지고
– 돈 전부 얼마나 되지? 물었더니
– 다섯 개, 대답도 참 예쁜 강아지들

재롱둥이들 재롱도 제각각 방안이 웃음바다
사는 냄새 집 안에 바글바글하다

4남매 다 모이니
4가족 3대가 한자리 저녁밥상 대잔치
사위 앞에 맛있는 음식 옮겨 놓으며
팍팍 쏟아 붓는 풍성한 인심
장모 맘

세뱃돈
손주 손녀는 현찰박치기
사위는 장모의 넉넉한 맘

돌아온 공허
- 설 날

자식들이 조롱박처럼
새끼 박 덩굴에 주렁주렁 달고
우르르 몰려와
빽적지근하게 잔치를 떠벌리고 갔다
수다 떠는 소리
재롱부리는 소리
윷 놀이소리
화투놀이소리
왁자지껄 잔치판에
펑펑 풍기는 사람냄새 진동하더니
그것들이 썰물처럼 빠져 나간 뒷자리에는
회오리바람이 한바탕 상쇠놀이하고 지나간 자리
설거지통, 방, 거실
수북이 쌓이고 흩어지고 나뒹굴고 어수선하다
우리내외는 온방을 더듬고 다니느라 분주하다
치우고 쓸고 닦고 정돈하고 그러고 나니
어디서 시원한 바람이 불어오듯 몸이 홀가분해진다

그런데 금시
정적이 맘 구석에 자리를 잡고
바위 같은 무거운 공허가 내려앉는다
잠시 설 잔치에 자리를 내어 주더니만
본디의 일상으로 돌아온 허전한 공허
가슴팍에 또다시 똬리를 튼다.

제7부

정글의 별

– 월남전 참전 수기서사시

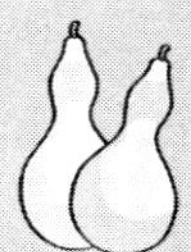

1. 파병작전개시

때는 바야흐로 1965년 10월 3일
포항 해병대 주둔기지
별들도 곤히 잠든 꼭두새벽 인시寅時
청룡부대 제2여단 전투부대 제1진
파병작전 시작

— 비상 비상
보초병이 소리 없이 병사兵士들을 흔든다
훈련된 솜씨로 5분내 완전무장 완료
내무실 앞에 1열 횡대로 도열
분대장 수신호에 의해
병사兵舍를 민첩하게 빠져나갔다

대기한 군용트럭에 승차
전조등 고개 숙이고
칠흑 어둠을 가르고 어디론가 이동
고양이 행렬인 듯

소리는 지나가는 바람소리뿐

도착한곳은 포항역
군용열차에 탑승
열차는 입을 다문 채 레일을 미끄러졌고
짤그락 짤그락
질주하는 열차의 쇠붙이 마찰 소리만
정적을 깨우고 있었다.

2. 꼭 이기고 돌아오라

열차가 울 싣고 달음질하다보니
하루가 눈을 뜨기 시작
지나는 곳은 부산시내
철길 울타리에 몰려든 환송인파 구름 이뤄
꼭 이기고 돌아오라 손 흔들고
세계 자유 수호를 위해 이 한 몸 바치겠노라
우린 모자를 흔들어 답했다
우리는 흐르는 눈물을 주체할 수 없어
닦고 또 닦았다

도착한곳은
섬들이 바다 위에 둥둥 떠 있는 부산 제3부두
넓은 부두에는
일반인 통제로 환송 인파는 보이지는 않고
갯바람만 가득
군악대만 목멘 환송 가를 부르고 있었다

부두에
2만5천 톤급 카이저 미 해군함
숨소리 내려놓고
우리를 기다리고 있었다
승선할 때 여군 50여명이 빵을 건너 주며
반드시 살아오라 당부
우린 무장을 풀고 가판위에 올라
군가로 목이 터져라 울부짖으며
고국이여 안녕!
눈물을 훔치면서 손을 흔들었다

거대한 군함은 뱃고동소리를 뱉으며
눈물이 흥건한 항구를 빠져나갔고
갈매기들은
우리들을 뒤따라 나섰다.

3. 월남 상륙

청룡부대 제2여단 장병을 실은 수송선
시퍼런 바다, 거친 파도, 맵찬 비바람을 헤치고
항해한지 엿새 되던 날
1965년 10월 9일
갑자기 배안 분위기가 어수선
월남에 당도 한다는 입소문 술렁술렁
호기심에 들떠 갑판위에 올라
눈을 이리저리 떠보니
눈에 들어오는 하늘, 땅, 산과들
별로 새롭지 아니한데
내리쏟아지는 햇살만은
살갗에 본드처럼 찰딱 달라붙어
이글이글 타고 있었다

드디어 함대 스피커가 입을 연다
이봉출 장군 굳센 격려 목소리
– 우리 청룡부대는 자유의 십자군……

다시 한 번 다짐 말씀
완전무장 명령이 하달되고
실탄과 수류탄이 지급
실탄은 허리 수류탄은 양 가슴에 차니
전투가 금방 불붙은 듯
장병들의 얼굴에 긴장이 감돌았다
때는 아침 8시경
태극기와 청룡기를 앞세우고 상륙
월남민은 보이지 않고
몸집이 큰 건장한 미군 병사들만 경계보초
항해 6일 만에 상륙한곳은
월남 중부지방 캄란 만

미군 군용트럭에 승차하여 사주경계하며
주위를 살피니
흩어진 흔적들 밀림 전쟁터 실감
무더운 정글 속을 북방 4킬로 지점으로 이동
내린 곳은 밀림 어느 귓불

이곳은 낯선 이역만리 이국땅
한치 앞을 볼 수 없는 전쟁터
앞으로
우리의 운명은 어떻게 된단 말인가

우리의 운명을 점칠 수 있는 사람은
아무도 없었다.

4. 전쟁터의 신선놀음

트럭에서 뛰어내리니
어느 밀림지대 언저리
우리 OP부대는
보병 3중대에 예속
항상 중대본부와 같이 행동

멀리서 이따금 '딱쿵' 총소리
서둘러 진지구축
금방 어디서
베트콩이 나타날 것만 같은 느낌
매일 하는 일
낮에는 무기손질 밤에는 자체경계근무

음식은
완숙 통조림과 반숙 통조림
영양식 넉넉히 보급되어 비축해 놓고
노린내 나는 것은 버리고

맛있는 것만 골라 식사

1개월 정도 보신하니 힘이 불끈불끈 솟아
주체할 수 없고
베트콩이 어떻게 생겼을까 궁금증 발동
저절로 자기도 모르게 투정소리

무얼 하려 여기까지 왔나
베트콩은 어째서 안 잡는 고!
바늘 없는 낚싯대로 낚시를 하며
강태공처럼
세월을 낚는 것인가.

5. 베트콩 줄행랑

1965년 11월 4일
청룡부대 2대대 최초 까두산 작전 개시
건설 중인 비행장을 위협하는
베트콩 소탕작전

판랑시 동북 4㎞지점 318고지수색
땀은 줄줄 흘러 앞을 가렸고
옷을 쥐어짜면 땅바닥에 냇물로 흘렀다
아무 저항 없이 진격하여
하루 만에 점령
베트콩은 보이지 않고
취사 흔적만 발견
이곳은
1953년 프랑스군 대부대가 8차에 걸쳐
공격을 시도하였으나 실패하였고
수차 월남군 역시 성공하지 못한 고지
18년간 베트콩의 아성으로 이름 높았던 곳

소문에 의하면
작전을 할 때는 그 지역 군수의
사전 협의가 있어야 한다는 것
작전 정보 자연히 유출

베트콩들이
청룡부대는 귀신 잡는 대한의 해병이라고
이름만 들어도 혼비백산 줄행랑쳐
깊이깊이 잠적

점점
베트콩은 보이지 않고 모습이 궁금한 생각
코가 몇 개 있고 귀가 몇 개 달렸으며
키는 얼마만 할까!

6. 눈물바다

1965년 11월 15일
송춘희, 후랭키스송, 동방성애양등
인기연예인 10명으로 구성된
연예인단
캄란 만에 도착

파월장병 위문공연으로는 최초 공연
장병들 소문 듣고
가슴이 울렁울렁
봄바람처럼 설렜지

한국 연예인 월남 공연
캄란하늘의 달도 별들도
같이 보았지

마지막 막장 막이 오르고
연예인 모두 나와 '동백아가씨' 합창

잠결에도 고국이
눈앞에 아롱거렸던 장병들
목이 터져라 따라 부르니
집 찾아가는 하늘의 별도 같이 부르고
장병들 주룩주룩 눈물 흘리니
별들도 같이 울어
흐르는 눈물로 공연장이 질퍽거렸다

7. 퇴각로를 찾아라

베트콩 요새인
천연동굴로 된 험준한 산 275고지
베트콩 소탕작전 개시

OP장교 후방 포부대의 포탄 유도
— 사격임무, 좌표 ○○○○○○
— 목표, 베트콩 은신 천연동굴
— 기준 포탄 탄착점확인
— 좌로 100 더하기 50, 일제사격
— 다시 한 번 또 일제사격
작전 목표고지 초토화
아군희생을 적게 하기 위해
보병 투입 전에
집중 포사격으로 적 완전 무력화

3중대 전투 수칙에 의거 전진
중대본부가 고지 막 들어서는데

1소대장 다급한 목소리
동굴에 은신한 적에 의해
소대원 전원 포위 보고

중대장
신속히 상황파악 중대 결심 후퇴명령
그런데
베트콩이 퇴각로를 봉쇄하고 집중사격
불꽃 튀는 빗발친 교전
잠시 잠잠한 틈에
집중 엄호사격 1개 분대씩 퇴각 시도
그러나 베트콩 거센 반격으로 실패
진퇴유곡이라

지원요청에 의해
아군 전투기출격 공중 순회비행
아군 위치 알리는 신호탄발사

전투기 동굴 집중사격으로
적 제압하고 연막탄 발사
연막으로 분간할 수 없는 퇴로
더듬더듬 더듬으며 1개 분대씩 퇴각
소대 전원 희생자 없이 후퇴 완료

그날은
정글전투를 실감해 보는
맘이 짐짝처럼 무겁고 씁쓸한 하루
아니 귀신 잡는 해병대 체통이
사정없이 구겨진 날.

8. 신출귀몰한 VC를 잡아라 1

1965년 12월 16일
청룡1호 작전개시
나트랑과 퀴논을 연결하는 1번 도로 개척
투이호아 남방 1번 도로 탐색과
은폐된 지역 적 소탕작전

태양은 지구를 불사를 듯 이글거리는데
베트콩 탐색은 계속
땀은 비 오듯 죽죽 흘러
젖은 옷은 물속에서 갓 건져 올린 빨래

밀림의 밤은
한치 앞을 볼 수 없는 캄캄한 어둠
땅바닥을 더듬더듬 더듬으며 행군하기도
행군하다 잠잘 때는
개인 참호 옆에 판초 깔고 누워
오른손으로 총을 잡고

쏟아지는 무수한 별들을 바라보면서
눈꺼풀을 내리기도
위치가 적에게 노출되면
잠자다가도 비상
4㎞이상 이동하여
다시 판초를 펴고 눈을 감기도

그러다가
새벽이 눈을 뜨면
서둘러 아침식사
또다시 베트콩 사냥 강행군.

9. 신출귀몰한 VC를 잡아라 2

작전 어느 날
땅거미 질 무렵
마을이 좌우로 보이는 들녘에
중대본부를 중심으로
각 소대 전후좌우로 진지 구축
우리 OP부대도 중대본부 옆에 위치

전운이 침묵하고 있는 어두운 밤
야속하게 이슬비가 부슬부슬 내렸다
호 옆에 판초를 치고 누어서 눈을 붙인다

부슬비가 조용히 밤을 두드리는 새벽 4시경
난데없이 지축을 흔드는 총소리
두드드……
본능적으로 펄떡 일어나 총을 잡고
안전핀을 풀고 경계
정신을 차려보니

70m전방 소대진지 앞에서 총구가 불을
품는 교전
2소대 2분대와 3분대사이로 베트콩이 기습
공격해 온 것
어둠 속에 보이는 것은
아군과 적이 쏟아 붓는 불꽃뿐
그럼에도 불구하고
어두워서 적의 위치를 분별 할 수 없어
후방 포 부대에 화력 지원요청을 할 수 없는
안타까운 실정

베트콩은 기습 할 때
아군의 포사격을 피하기 위해
포복하여 앞으로 밀고와 아군과 근접을
시도하는 작전 감행

교전이 1시간 반쯤 지난 후
전방에서 급히 실탄 지원 요청
몸에 차고 있는
비상 탄까지 풀어서 주고 나니
가지고 있는 실탄은 총에 장착된 8발
적이 앞에까지 밀고 오면 어떻게 할까
걱정이 앞섰다

교전은 계속되고 부슬비는 여전한데
조금 지나면 실탄이 다 떨어지는 실정
위기일발직전
그때 요행히
날이 고개를 쳐들기 시작

OP장교 지붕위에 엎드려 포탄유도
– 사격임무, 좌표 ○○○○○○, 목표 베트콩1개 중대
– 기준 포 탄착점확인, 좌로 200 더하기 50
– 일제사격, 포 6발 명중
폭탄소리, 비명소리 아수라장
– 또다시 한 번 더 일격 또 6발 명중
요란했던 세상이 조용히 평정돼
숨소리조차 잠들고
흐르는 새벽 공기 정적
총성이 멎고 상황은 종료

선임하사
각 부대로부터 노획물 수거 병 차출
적이 사살된 현장 도착해 보니
베트콩들은 분해돼 팔 다리 몸 다 따로따로고
총대는 흙속에 몸을 감추고 있었다
노획물 수거 중 어디서 총소리 두두둑 -

서둘러 철수
그날은 사선을 넘나든 하루.

10. 도주 베트콩을 사살하라

어느 날
베트남 민병대로부터
베트콩 1개 소대가 우리기지 남쪽을 통과
복귀한다는 첩보 입수

제공된 첩보가 역 정보일수도 있다는 판단에
남쪽과 북쪽에 매복조 배치
북쪽 매복조 밤8시경 어둠을 더듬으며
매복지로 은밀히 이동
크레모어 매설 견인줄 설치

이윽고
밤 10시 무렵
100m앞에서 검은 물체 움직이기 시작
매복조 견인줄을 이용 서로 연락
베트콩이 15m앞까지 다가오니 선명한 모습
분대장 명령 하에

크레모아 격발과 동시 수류탄 투척
소총, 기관총 집중사격
삽시간에
폭탄소리, 총소리, 비명소리 아비규환
베트콩 20여명 그 자리에 툭툭 쓰러지고
잔적 옆 방향으로 도주
매복조 추적하면서 중대본부에 조명탄 투하요청
조명탄이 허공에 떠 해처럼 빛을 토하니
도주하는 베트콩 몸 숨기지 못하고
조명아래 하나 둘 추풍낙엽이라

중대장
후방 포병부대에 화력지원요청
폭탄소리가 칠흑의 어둠을 흔든다
2소대 폭탄 투하한 전방 지역으로 출동
적의 퇴로 차단
도주하는 베트콩 한 놈도 남김없이 사살하라
불같은 소대장 명령
베트콩은 여기저기서 맥없이 툭툭 쓰러졌다
얼마 후
불꽃 튀던 밀림은 조용해지고 상황종료
어둠을 밀어내는 새벽이 눈을 연다

이번 전투는

분대 규모로 최대의 전과를 거둔
귀신 잡는 해병의 기상
전우여
청룡이여
진정한 정글의 별이여

11. 보급 원을 차단하라 1

1966년 1월 19일
투이호에서 청룡2호 작전 개시
서남부 광활한 평야지대의 베트콩 식량
보급 원을 차단하고
양민보호 잔적탐색 소탕작전

전투헬기에 6명씩 탑승하여
작전지역으로 이동
물이 무릎까지 고여 있는 논바닥에 착륙
낙법으로 굴러 내려 사주경계
중대 모두 이동 후 중대장 작전지시

후방 포 부대에서 기준 포 1발 투하
– OP장교 탄착점확인, 우로 100 더하기 100, 일제사격
– 포 6발 목표마을 명중
– 또다시 일제사격, 마을 잿더미
베트콩 용의자, 양민들

흰 깃발 들고 투항
논바닥에 모아 놓고 기관단총으로 거총경계

일제 앞으로 전진
집집마다 수색
어디서 들려오는 총소리 딱쿵
베트콩 총에 전우 한 사람 힘없이 쓰러진다
작전장병들에게 새 작전지시 전달
전우들 눈에서 불꽃이 튄다

집집마다 집안과 뒤뜰에 땅굴
흥분된 전우들
땅굴을 향해 컴온(Come on)소리 소리 지르고
저항 베트콩은 땅굴에 수류탄 투척 사살
투항 베트콩은 손 올려 무장해제
불타는 마을
자욱한 연기가 하늘을 덮고
여기저기서
컴온 고함소리, 겁에 질린 비명소리
얼마 후
상황은 종료되고
먼저 간 전우에게 일제히 묵념
손발 움직이지 않게 결박하여 헬기로 긴급후송

포로베트콩
― 따이안(한국군)넘버원, 하며
무릎 꿇고 손을 비비대며 아첨한다
개XX들
총개머리 판으로 머리통 몇 대씩 --
완전 기죽인 후 헬기호송
양민들 마을로 해방

그날은
이름 모를 이국 어느 하늘아래서 가슴 아프게
정글의 별 하나 진날
얼굴에 먹구름 내려앉은 하루.

12. 보급 원을 차단하라 2

오늘밤에 베트콩이
우리 작전지역 우측을 지나 이동 한다는
첩보 입수
매복 준비 지시
2분대
크레모아지뢰 4발 수류탄 각각 7발 신호탄 2발
준비 완료
소대장 작전 지시
밤 7시 반경 매복지로 출발

이동할 때 온 몸 땀으로 범벅
매복지점 100m전방에서 대기
1조 진입하고 상황 파악
이어 2조 3조 투입 정위치
조장 크레모아를 매설하고 신호줄 연결

전방은 울창한 정글지대

금방 적이 튀어나올 것 같은 기분
대원들은 교대로 눈을 붙인다
긴장한 대원들 잠은 멀리 도망가고
눈빛만 초롱초롱
달은 중천에 걸려있고
별들이 다투어 빛을 뿌리니
밤은 낮처럼 환했다

문득 이상한 예감
그때 신호 줄이 당겨져 앞을 보니
200m전방에서 매복지점으로 이동해 오는
1개 중대 베트콩 발견
적은 슬금슬금 50m전방까지 진입
온몸에는 땀이 비 오듯 줄줄
10m전방까지 끌어들인 후
분대장 추상같은 사격명령
크레모아 스위치 작동과 동시 소총 집중사격
폭음과 총소리가 적막한 밤을 흔들어대니
터지는 폭탄소리, 총소리, 비명소리 생지옥
베트콩이 비명과 함께 쓰러진다
저항하다 또 쓰러진다
조명탄이 어둠을 밝히고 전우들 사기충천
지원소대와 합류 도주하는 베트콩 추적 사살

베트콩시체가 밀림곳곳에 널려있다

퇴각하는 베트콩 돌아서서 사격
총탄이 또 쏟아진다
다시 반격
소대장 명령에 의해
와-- 함성을 지르며 노도처럼 돌진
베트콩은 시체도 무기도 버리고 정글 속으로
정신을 잃고 도주
전우들 서로 얼싸안고 춤을 추었다

통신병의 전과 보고가
달빛에 우렁차게 울려 퍼졌다.

13. 부비트랩을 피하라

새로 부임한 대대장의 새 전술지시

월남전은 정글특성상 일렬종대 전진 형이나
전과를 최대화하기위해
대대전체가 횡대로 대오를 벌여 전진하는
한국형 작전명령 하달

대대의 각 중대가
소대별로 대오를 횡대로 전진
그물망으로 고기 잡듯이 적을 한꺼번에
쓸어버리자는 작전 감행
여기저기서 전투상황 발생
베트콩은 달아나기에 바빴고
우리는 뒤를 쫓아 전멸전

작전개시 3일째 되던 날
적이 마지막 발악하듯 아군 진격 예상지역에

부비트랩을 무수히 매설하기 시작
설치하고 달아나는데 베트콩 선수 급
여기저기서 폭탄이 터져 아군 피해속출
사상 전우들 후송 헬기가 요란한 바람소리를 내며
수없이 날아왔다
착륙 할 때 프로펠러 바람에 폭탄이 터지기도
사상 전우들 온몸에 선혈이 낭자
압박붕대로 지혈하면서 후송

전우들 눈에 핏발이 서리고
적을 전멸하기 위해
생사를 잊고 민첩한 행동으로 수색
저항하다 달아나는 적
소총, 수류탄, 유탄발사기로 사살
적들이 낙엽 돼 쓰러졌다

소대장 고함소리, 무전병 통화소리, 콩 볶는 총성
작렬한 폭탄소리, 날아오는 헬기소리가
같이 뒤엉켜 아비지옥 전쟁터

그런 와중에 소대장 외치는 소리
— 이 수병이 깨졌다 전원 그 자리에 앉아
깨진다는 소리는 부비트랩을 건드려 폭사

했다는 말
소대장 말에 의하면
폭사하기 전 저항 베트콩을 사살하고
달아나는 적을 쫓다가 그들이 매설해놓은
부비트랩에 걸려 폭탄이 터진 것

대대 급 베트콩 소탕작전은 상황이 종료
이번 작전은
적을 그물로 고기 잡듯 많은 전과를 거두었으나
아군 피해도 많이 속출

머나먼 이국 열사의 땅에서
용감히 싸우다 산화한 별들
용감히 싸우다 부상으로 후송된 별들
그의 영혼을 향해 전우들은 뜨거운 가슴으로
명복과 쾌유를 빌었다.

14. 별의 넋은 하늘에 머물고

월맹군이
곡창지대 투이호아평야 탈환을 위해
이 지역에 계속 위협을 가하므로
농민들 안심하고 생업에 종사 할 수 없는 상황
이곳 주민들과 월남정부는
청룡부대 주둔을 요구하는 진정서 제출 시위전개

1966년 2월 22일 재건1호 작전개시
투이호아 서남부일대에서 잔적소탕
양민보호 촌락재건 전개

매일 1개 분대씩 3개조가
낮에는 수색
밤에는 매복

수색하던 어느 날
수색조 생존자의 울먹이는 다급한 비보

매복한 베트콩의 집중사격으로
전원 전사 자기만이 구사일생으로 탈출

대기소대 즉시 출동 구출작전전개
그러나
상황이 좋지 만은 안았다
베트콩이 시신을 가지러 올 줄 알고
호 속에서 매복대기
베트콩 조준사격에
우리는 희생자 3명을 더 내고 말았다

전우들 눈에서는 울분과 분노가
이글이글 불타고 있었다
— 한 명도 남기지 말고 사살하라
소대장 핏발선 호령소리가 정글을 흔든다
아군은 성난 호랑이
작전 끝에 적을 6명 사살 남은 베트콩
겁에 질려 도망

얼마 후
은신한 전우1명과 부상당하고 전사한 시신들
들것에 실려 돌아왔다
구출된 전우의 얼굴은 창백했고

들것에 실려 온 전우들은
귀신 잡던 기백 어디다 버리고
아무 말이 없다

헬기가 숨 가쁘게 도착
시신을 움직이지 않게 손과 발을 결박
헬기에 실어주는 전우들
울먹이며 눈물이 펑펑 쏟아져 내렸다
부상으로 피투성이 된 전우들의 신음소리가
망치로 가슴을 친다

아! 애닯다, 분하다
펄펄 끓은 대한의 젊은 피
이름도 모르는 어느 밀림 귀퉁이에서
아무 말 없이
아침이슬로 사라져 가야한단 말이가

15. 살신성인 해병

태극무공훈장이 추서된 최초 주인공
고故 이인호 소령
해풍작전 당시 대대 정보장교

작전 마지막 날 첩자 심문
베트콩이 대나무 숲 지하에 동굴을 구축
은신하고 있다는 정보 입수
이 대위는
동굴 소탕작전을 직접 진두지휘하겠다고
대대장으로부터 승인 받아 소탕작전 전개
편성한 수색분대와 첩자2명을 앞세우고
헬기로 이동 동굴 근처에 착륙

ㄱ자 동굴 발견
컴컴한 동굴 안으로 수류탄 3발 투척
한사람씩 동굴 진입
이 대위가 앞장서고 수색조 대원 뒤 따르는데

동굴 안에 숨어있던 베트콩이 전우를 향해
수류탄 2개를 연달아 투척
이 대위는
— 수류탄이다 엎드려, 하고 외치며
1개는 민첩하게 집어 다시 적을 향해 던졌으나
1개는 미처 집지 못하고
뒤따르는 부하를 구하기 위해
자기 몸으로 덮쳐 장렬하게 산화

이 대위가 되 집어 던진 수류탄에
베트콩 5명이 사살 됐고
분대장이 앞장서 울먹이며 대신 진두지휘
— 대원은 나를 따르라, 소리치며
수류탄 던지며 민첩하게 공격
베트콩 컴온, 컴온 -
분대장의 목멘 호령소리가 동굴을 흔든다
한 놈도 남기지 말고 사살하라
눈에서 복수의 불꽃이 튀는 전우들
파도처럼 밀고 거침없이 전진
베트콩 2명 손들고 투항 무장해제
소총 7정과 실탄, 수류탄 등 노획
땅에 넙죽 엎드려 두 손 비비대는 베트콩
분을 참지 못한 전우

총대로 베트콩 머리통을……
상황은 종료

동굴 소탕작전은 성공하였으나
이 대위의
갈기갈기 찢어진 시체 앞에서 흐느껴 울고
또 울었다
잠시
하늘도 땅도 지나던 구름도 바람도
아무 말이 없었다
그 누가 말문을 열수 있으랴!
전우들의 분노는 베트콩을 입속에 넣고
자근자근 씹었다.

이 대위 그는
의리의 사나이
살신성인 정신을 몸소 실천한
진짜 영원한 해병.

16. 넋이라도 찾아라

1966년 3월 23일
투이호아 서남부에서 재건2호 작전개시
잔적소탕 양민보호 촌락재건전개

야음새벽
적의 근거지 기습 1개 분대 생포
절절매는 베트콩 무장해제 헬기 후송

저격, 박격포발사, 습격 등의
적의 경미한 공격 빈번히 자행
항상 초긴장

어느 날 1번 도로변에 매복실시
이상하게도 낮에 정찰 할 때와 다르다는 예감
약 50m전방에 적이 출현 우리가 공격 시도 찰라
적 박격포 5발 공격
그때 전우 1명 행방불명

아무리 살펴도 형체도 없이 사라진 것
자세히 알고 보니
적 박격포 1발이 전우머리에 명중
허리에 찬 수류탄, 연막탄, 실탄이 같이 폭발
산산이 분해돼 없어져 버린 것
살 조각만이 사방에 흩어져 비참한 죽음을
말해 주고 있었다
소대장은 5m정도 떨어져 있었는데 무사
아– 어찌한단 말인가
이름 모를 어느 정글 가시 덩굴 속에서
육신을 흔적도 없이 잃어버린 넋의 눈물은
그 누가 닦아준단 말인가!
그의 참혹한 죽음 앞에 고개를 떨구지 안할 자
어디 있으랴

또 어느 날
우리 OP장교를 호위하고 전방 정찰
마을이 500m 전방에 있고
울타리가 왕대나무로 우거져 울창한 숲

전방을 살피고 있는데 어디서 딱쿵 총소리
옆에 서있는 전우가 말없이 쓰러졌다
황급히 전우를 부추겨 보니

적의 저격으로 총탄이 가슴에 명중
급히 헬기 요청
다급하게 헬기가 도착 후송되었으나
또 하나의 정글의 별은
결국 컴컴한 침묵 속으로 걸어갔다
제주도 사나이로
정이 넘치고 화끈한 성격 소유자로
나하고 단짝 이었는데
내 옆에는 항상 산화한 그 전우의 빈자리

1966년 4월 24일
다비아 계곡일대를 통제하지 않고는
봉로지역 적 보급기지 차단이 불가피
이에 따라 철도를 기준으로 동쪽에 배치 주둔
베트콩 소탕 작전수행

그 후로도
매복, 기습, 소탕, 저격, 수색은 계속 됐고
쫓고 쫓기고 죽이고 죽는 공방은 끝이 없이
이어지고 있었다.

17. 푸른 하늘 가르는 별

1966년 6월 15일
청룡부대 2대대 3중대
병력 재충전을 위해
후방 남동쪽 나트랑으로 이동 주둔
지금까지
전사나 부상으로 전부대의 3분의1정도 장병손실
그때그때 수시로 충원

나는
우리OP부대에서도 제일 졸병
궂은일은 다 내 몫
1966년 7월 2일 화상 3도 부상

야전 화장실이란
웅덩이를 파고 나무 2개 걸치면
그것이 바로 화장실
열대지방이라 구더기가 구물구물

휘발유를 뿌려 불로 태워서 구제

하루는
휘발유 1리터정도 통에 따라 화장실에 붓고
긴 막대기에 종이를 끼어 불을 붙인 다음
멀리서 화장실에 가까이 대고 점화
불은 펑하고 훨훨 웅덩이를 태우고 소멸
그런데
구더기가 살아서 구물구물
아주 없애버려야 한다는 생각에
다시 휘발유를 따라서 화장실에 걸쳐 서서
붓는 순간
불씨가 남아 있었던지
펑하고 폭발하는 불길에 온몸이 휩싸였다
찰나 붓던 통을 놓쳐
통은 무릎위에 떨어졌고
와- 소리 지르며 밖으로 뛰쳐나오니
불은 무릎에서 타고 있었고
선임하사가 재빨리 모포로 덮쳐 진화
머리, 어깨, 팔, 다리 화상
앰뷸런스에 실려 즉시 이동 야전 병원에 입원
상처 심한 무릎 옆 부위 피부이식수술
그러나 수술이 잘못돼

허벅지에 큰 흉터
그것은 월남전 참전 명예로운 훈장

입원 1개월 15일 만에 퇴원 부대 복귀
1966년 8월 30일
나트랑 비행장에서 제2차 귀국 비행기 올라
사무치게 그리운 고국을 향하여
쪽빛 하늘을 가르며 훨훨 날랐다.

위기를 맞고 있는 직접적 체험의 기억

호병탁(문학평론가)

1.

보편적 문화전통의 기억 속에 각 개인은 민족이나 지역과 깊은 결속을 갖게 된다. 그러나 근대 이후 수많은 전통, 권위와 금기들이 사라지면서 민족적 정통성과 그 기억들도 함께 소멸되고 있다. 경험에 의한 기억은 실제적 위기를 맞고 있다. 이런 위기는 지속적인 세대교체와 더불어 심화된다. 예컨대 현대사에 최대의 민족적 위기였던 한국전쟁에서 생존한 증인들이 점차 사멸하고 있는 것은 경험기억의 퇴색을 의미한다. 지긋지긋한 전쟁을 직접 체험했던 생존자들의 '현실적 과거'는 그런 체험이 배제된 '순수적 과거'가 된다. 머지않아 영화, 조형물, 기록물 보관소의 자료들만이 당시의 역사를 증언할 것이다. 이런 현상은 학문적 역사연구에 의한 '역사 경험의 해체'라고 표현된다. 이는 연구의 준거들이 더 많은 인식을 가능케 하고 객관화 시킬 수 있다고 하더라도 경험 내용은 점차 탈색되고 감소될 수밖에 없다는 것을 의미한다. 개인에게는 기억의 과정이 대부분 자연발생적으로 진행되고 심리적 기제의 일반법칙에 따라 일어난다. 그러나 집단적 · 제도적 영역에서는 이런 과정들이 의도적이고 목적적으로 더 나아가 망각의 정치에 의해 조정된다. 생생하고 개인적인 기억에서 인위적이고 문화적인 기억으로의 이행은 기억의 왜곡, 축소, 도구화의 위험성을 갖게 되는 것이다.

그러나 우리의 경험이 아직도 전통의 온기 속에서, 관습의 침묵 속에서, 전승의 반복 속에서 뿌리를 내리고 있음은 부인할 수 없는 사실이다. 시대의 증인들이 갖고 있는 현실적 경험기억은 결코 상실되어서는 안 되고 후세의 문화기억으로 제대로 번역되어야 한다. 생생하게 살아있는 기억은 기념비, 박물관, 기록보관소와 같은 물리적 매체에 의존하고 있는 기억과는 당연히 구별된다.

2.

김병학 시인은 월남전이라는 전쟁을 직접 체험하고 그 체험을 '현실적 과거'로 지니고 생존해 있는 사람이다. 그리고 "49년 전 기억"을 살려 이번에 월남전 참전 수기 서사시를 엮었다. 시인은 책을 여는 글에서도 이번 제 4시집을 내면서 이 서사시를 쓰게 된 것을 "보람 있는 것"이었다고 분명히 밝혀 그의 이 글에 대한 애정과 그 중요한 비중을 표출하고 있다.

가끔 전쟁 시가 발표된 일이 있다. 그러나 그것들은 여러 시편 중에 하나 혹은 둘 정도의 부스러기 같은 것에 불과했다. 그러나 시인은 이번 시집에 「정글의 별」이라는 부를 따로 만들어 전쟁터로 떠나던 날부터 돌아오는 날까지의 생생한 기억을 통시적으로 기록하고 있다. 따라서 시집에서 차지하는 부피도 가장 크다. 매우 이례적인 시집으로 후세의 문화기억으로 전승될 충분한 가치가 있다. 앞서 말한 것처럼 그의 개인적 기억은 죽이고 죽는 전투현장에서 자연발생적으로 이루어지고 그것을 보고 느낀 심리적 기제에 의해 각인된 것들이다. 그것은 의도적인 제도와 집단에 의해 가공된 인위적 기억 이전의 원초적 경험에 의한 것이다. 한마디로 보기 힘든 특이한 서사로 당연히 필자도 정글 속의 시인의 뒤를 따라 작전현장에 시선을 집중하고자 한다.

글은 시인이 몸으로 직접 겪고 당한 일들이라 현장감이 있고 박진감이 넘친다.

비상 비상
보초병이 소리 없이 병사兵士들을 흔든다
훈련된 솜씨로 5분내 완전무장 완료
내무실 앞에 1열 횡대로 도열
분대장 수신호에 의해
병사兵舍를 민첩하게 빠져나갔다

대기한 군용트럭에 승차
전조등 고개 숙이고
칠흑 어둠을 가르고 어디론가 이동
고양이 행렬인 듯
소리는 지나가는 바람소리뿐

도착한 곳은 포항역
군용열차에 탑승
열차는 입을 다문 채 미끄러졌고
짤그락 짤그락
질주하는 열차의 쇠붙이 마찰 소리만
정적을 깨우고 있었다

—「파병작전개시」 부분

이 시는 꼭두새벽 해병대 병사들이 주둔기지를 조용히 떠나는 장면으로 세 개의 시퀀스로 파병작전의 개시를 묘사하고 있다. 위의 시에는 움직임은 있으나 소리가 없다. 작전은 원래 소리가 없이 진행되는 법이다. 민첩한 움직임만 있을 뿐이다. 병사의 새벽잠을 '흔들어' 깨우는 "비상"이란 보초병의 소리도 속삭임에 불과하다. 분대장의 명령은 구두로 발화되지 않는다. 손짓으로 하달되는 "수신호"의 명령에 병사들은 "5분내 완전무장"하고 막사를 빠져나간다. 이렇게 소리 없이 기상한 병사들이 "내무실 앞에 1열 횡대로 도열"하는 것까지가 첫 번째 시퀀스다. 우리는 말 한마디 없이 이루어지는 이들의 조용한 동작에서 숨도 크게 쉬지 못하는 긴장감을 느낀다. 이처럼 사실적 체험에서 비롯된 리얼한

묘사는 글의 초입부터 독자의 눈길을 강하게 흡인하게 마련이다.

"대기한 군용트럭에 승차"하여 어둠 속에 "어디론가 이동"하는 것이 두 번째 시퀀스다. '어디로 인지' 이동한다는 것은 병사들도 정확한 도착지를 모르고 있다는 소리다. 이 이동도 고양이가 움직이듯 소리가 없다. 트럭은 전조등까지 고개를 숙이고 있다. 들리는 소리는 "바람소리"뿐이다. 긴장을 풀 수 없는 독자들도 침묵 속에서 이들을 주시하고 있을 뿐이다.

"도착한 곳은 포항역"이었다. 병사들은 이번에는 군용열차로 갈아타고 어디론가 다시 떠난다. 세 번째 시퀀스다. 여전히 조용하다. 열차조차도 "입을 다문 채 " 어둠을 가르며 미끄러져 간다. 요란한 기적소리는 전혀 없다. "짤그락 짤그락/ 질주하는 열차의 쇠붙이 마찰 소리만" 들릴 뿐이다.

우리는 위 시에서 극비로 진행되는 작전의 조심스러움을 여실히 느낀다. 시인이 묘사하는 유일한 소리는 바람소리와 짤그락거리는 열차의 금속성 마찰소리뿐이다. 귀에 들려오는 이 두 가지 소리는 작전의 은밀함을 오히려 배가시키는 효과와 함께 마지막 행 끝까지 독자들로 하여금 긴장감을 늦출 수 없게 만들고 있다. 화자는 다른 구체적 정황은 일체 말하지 않는다. 그러나 우리는 청룡부대 1진이 어느 날 꼭두새벽에 이처럼 소리 없이 그들의 주둔기지에서 타국 땅으로 떠났음을 알게 된다.

3.

시인은 「정글의 별」에 '월남전 참전 수기서사시'라는 부제를 달고 있다. 이는 여기에 실린 17편의 시가 일관되게 하나의 서사를 이루며 진행될 것이라는 점을 분명히 하는 말이다. 극비리에 부대를 떠나는 앞의 장면이 앞으로 1년 가까이 벌어질 긴 이야기의 서막에 해당된다. 일정한 목적으로 청중을 유도하기 위해서는 자연스런 흐름을 보여야함으로 서사시의 구조는 비교적 단순하다. 즉 전체적 얼개를 3부로 나눈다면 스토리의 도입부와 클라이맥스를 준비하는 1부, 클라이맥스 직전에 머무르며 그 이전에 벌어지는 사건을 서술하는 2부, 2부가 머무른 곳에서 시작하여 클라이맥스와 대단원을 포함하는 3부로 얼개가 짜여진다고 할 수 있다. 이 일련의 시편들도 서사시의 이런 전형적인 구조를 따른다.

고국의 주둔지에서 캄캄한 새벽에 기상한 병사들에게 생과 사가 어찌될지 모르는 긴 여정이 시작된다. 차량 편으로, 열차 편으로 또 군함 편으로 월남에 도착하기까지의 서사가 1부에 해당한다. 열차에 탑승한 병사들이 "하루가 눈을 뜨기 시작"하는 시간에 도착한 곳은 부산항이었다. 그들은 "갯바람만 가득"한 제 3부두에서 "2만 5천 톤급 카이저 미 해군함"에 승선하여 "눈물 흥건한 항구"를 빠져나간다.(「꼭 이기고 돌아오라」) 병사들은 "시퍼런 바다, 거친 파도, 맵찬 비바람"을 헤치고 항해 엿새 만에 월남의 중부 캄란 만에 도착한다. "이역만리 이국땅/ 한치 앞을 볼 수 없는 전쟁터"에 도착한 것이다.(「월남 상륙」) 이 일련의 사건들은 1965년 10월 3일부터 같은 달 9일까지 벌어지는데 세 편의 시가 이를 서술한다.

병사들이 전쟁터에 도착했다고 해서 즉시 전투가 벌어지는 것은 아니다. 그들은 진지를 구축하고 "낮에는 무기손질 밤에는 자체 경계"를 해가며 한 달여를 국내의 병사와 별로 다를 것 없는 일상을 보낸다. 가끔 들려오는 '딱쿵' 총소리가 이곳이 전쟁터임을 실감케 할 뿐이다. '딱쿵' 소리는 베트콩이 사용하는 AK소총이 내는 소리다. 병사들 사이에 소위 '아카보'로 불리는 이것은 간편한 구조와 뛰어난 성능으로 당시 소련과 그들의 동맹군의 주력 개인화기로 채택된 총이다. 지금도 우리는 이따금 화면을 통해 북한군이 이 총을 들고 있는 모습을 보게 된다.

시인을 포함한 모든 병사들은 당시 씨레이션이란 크고 작은 통조림으로 구성된 미군의 전투식량을 보급 받았을 것이다. 시인은 "음식은/ 완숙 통조림과 반숙 통조림"으로 "영양식 넉넉히 보급되어 비축해 놓고/ 노린내 나는 것은 버리고/ 맛있는 것만 골라 식사"했다고 그 음식을 회억하고 있는데 이는 바로 씨레이션을 묘사하고 있는 것이다. "1개월 정도 보신하니 힘이 불끈불끈 솟아/ 주체할 수" 없게 된 병사들은 베트콩이 도대체 "어떻게 생겼을까 궁금증"이 발동하고 "무얼 하러 여기까지 왔나" 자기도 모르게 투정할 정도가 된다.(「전쟁터의 신선놀음」) 그러나 전우들이 쓰러져가는 클라이맥스는 아직은 저만치 떨어져 있었다.

1965년 11월 15일
송춘희, 후랭키송, 동방성애 양 등
인기연예인 10명으로 구성된
연예인단
캄란 만에 도착

파월장병 위문공연으로는 최초 공연
장병들 소문 듣고
가슴이 울렁울렁
봄바람처럼 설렜지

한국 연예인 월남 공연
캄란 하늘의 달도 별들도
같이 보았지
마지막 막장 막이 오르고
연예인 모두 나와 '동백아가씨' 합창

잠결에도 고국이
눈앞에 아롱거렸던 장병들
목이 터져라 따라 부르니
집 찾아가는 하늘의 별도 같이 부르고
장병들 주룩주룩 눈물 흘리니
별들도 같이 울어
흐르는 눈물로 공연장이 질퍽거렸다

— 「눈물바다」 전문

진행되는 긴 전쟁의 서사에서 유일하게 민간인 연예인들이 등장하고 고국의 노랫소리가 들려오는 대목이다. 예외적 사건이다. 소위 '군바리'들은 - 이제 고백해야겠다. 필자도 시인보다는 새까만 후배지만 참전용사다. 그래서 이처럼 신나게 해설을 하고 있는 것 같다. 따라서 모두에게 통용되는 군대용어는 다듬지 않고 견인하려한다- 치마 둘러쓴 것만 보아도 환장을 하는 법이다. 피가 펄펄 끓는 한참 때가 아닌가. 그러니 일 년 내내 후덥지근하기만 한 날씨에 보이는 거라고는 정글복 입은 군바리뿐인 병사들이 지분냄새 풍기는 고국의 그리운 연예인들이 왔으니 오죽했을 것인가. 더구나 1개월 정도 씨레이션으로 보신만 하여 힘이 "불끈불끈" 솟을 때이다. 가슴은 "울렁울렁"댔겠지만 아래는 '벌떡벌떡'거렸을 것이다.

야간침투 훈련 받다 휴식할 때, 막간을 이용해 어떤 전우에게 노래 한 자리 시킬 때가 있는 법이다. 노래 가사 속에 '고향'이나 '부모형제'라는 말만 나와도 코가 시큼시큼하고 괜히 눈이 씀벅씀벅했던 일은 군대 갔다 온 사람은 누구나 경험했을 터이다. 하물며 이역만리에서 '동백아가씨'를 듣고 함께 합창까지 했으니 그곳이 시 제목처럼 「눈물바다」가 되었을 것임은 안 봐도 뻔하다. 그러나 전우들이 쓸어져 가는 클라이맥스는 아직도 저만치 떨어져 병사들을 지켜보고 있었다.

4.

최초의 까두산 작전을 벌였으나 아무런 저항도 없이 318 고지를 점령한다. "베트콩은 보이지 않고/ 취사 흔적만 발견" 될 뿐이었다. 작전 정보는 유출되었고 그들은 "깊이깊이 잠적"해버린다. 귀신 잡는 해병이란 이름만 듣고도 "혼비백산 줄행랑"을 친 것인가.(「베트콩 줄행랑」) 그러나 적도 산전수전 다 겪은 노련한 게릴라들이다. 천연 동굴이 있는 베트콩의 요새인 275고지에 소탕작전을 나갔을 때는 보병 투입 전에 집중 포사격으로 목표 고지를 초토화시키고 전진했으나 퇴각로까지 봉쇄당하는 일이 발생한다. 지원요청으로 아군 전투기가 출격하여 "적 제압하고 연막탄 발사"하여 "연막으로 분간할 수 없는 퇴로/ 더듬더듬 더듬으며 1개 분대씩 퇴각"한다. "소재 전원 희생자 없이 후퇴 완료"하였지만 해병대 체통이 사정없이 구겨진 날이 된다.(「퇴각로를 찾아라」)

시에는 자주 OP장교가 후방 포병부대의 포 지원을 요청하는 문장이 발견된다. 『퇴각로를 찾아라』에서도 "사격임무, 좌표 000000,/ 목표, 베트콩 은신 천연동굴/ 기준 포탄 탄착지점 확인/ 좌로 100 더하기 50, 일제사격/ 다시 한 번 또 일제사격"이라는 포 지원요청의 발화를 보게 된다. 전문적인 군사용어는 일반 독자들로 하여금 직접 작전현장에 있는 것 같은 강한 '현장감'을 느끼게 하는 효과가 있다. 또한 문장을 읽어 나가며 정규군은 상황에 따라 필요할 때는 언

제나 전투현장에서 후방의 포와 항공지원을 받을 수 있음을 알게 된다. 그러나 베트콩 같이 유격전을 벌리는 게릴라부대는 그런 지원이 결코 없다는 것도 눈치챈다.

병사들은 월남의 기후와 지리에 적응해간다. 낮에는 "땀은 비 오듯 죽죽 흘러/ 젖은 옷은 물속에서 갓 건져 올린 빨래"가 될 정도의 더위 속을 행군한다. 밤에는 "개인 참호 옆에 판초 깔고 누워/ 오른손으로 총을 잡고/ 쏟아지는 무수한 별들을 바라보면서" 눈을 감기도 한다.(「신출귀몰한 VC를 잡아라 1」) 이후로도 클라이맥스 이전에 벌어지는 사건들이 몇 작전을 통해 서술된다.

5.

1966년 1월 19일, 적의 식량 보급라인을 차단하고 양민보호를 위한 청룡2호 작전이 개시된다. 이번에는 정글이 아니다. 식량이 생산되는 평야지대다. 전투헬기에 6명씩 탑승한 병사들은 논바닥에 착륙한다. 후방 포부대가 목표마을을 잿더미로 만들어버린다. 베트콩 용의자와 양민들이 흰 깃발 들고 투항한다. 그들을 논바닥에 모아 놓고 마을 수색이 시작된다.

> 일제 앞으로 전진
> 집집마다 수색
> 어디서 들려오는 총소리 딱쿵

베트콩 총에 전우 한 사람 힘없이 쓰러진다
작전장병들에게 새 작전지시 전달
전우들 눈에서 불꽃이 튄다

—「보급 원을 차단하라 1」 부분

드디어 서사는 클라이맥스에 이르렀다. '딱쿵' 소리 한 방에 전우가 쓰러진다. 조준해서 날아온 총알을 의미한다. 물론 AK총소리다. 베트콩은 모습을 드러내지 않고 총을 쏜다. 그래서 늘 "어디서 들려오는 총소리"라고 표현할 수밖에 없다. 그리고 이 조준되어 발사된 '딱쿵' 소리가 나면 대개는 아군 한 명이 쓰러지게 마련이다. '딱쿵' 소리는 이번 시인의 긴 전쟁서사시에서 세 번 들려온다. 첫 번째 '딱쿵'은 병사들이 월남에 도착하여 전투현장이 아닌 곳에서 간간히 듣는 것으로 아무런 영향을 주지 않는다. 그러나 이번 '딱쿵' 소리는 전투현장의 복판에서 나는 소리다. 전우가 쓰러진다. 나온 김에 세 번째 '딱쿵' 소리도 들어보자.

"전방을 살피고 있는데 어디서 딱쿵 총소리/ 옆에 서 있는 전우가 말없이 쓰러졌다/ 황급히 전우를 부추겨 보니/ 적의 저격으로 총탄이 가슴에 명중"(「넋이라도 찾아라」) 쓰러진 전우는 제주도 사나이로 시인과 단짝이었던 정이 넘치고 화끈한 성격의 소유자였다.

AK소총에 대해 좀 짚고 넘어갈 필요가 있을 것 같다. 세계에서 가장 광범위하게 사용되는 이 소총을 개발한 미하일 칼라시니코프는 자신의 총을 능가할 총은 이 세상에 다시 없을 것이라는 자부심을 가졌지만 수많은 사람이 살상되는 것을 보며, 그 자부심이 큰 고통으로 변했다고 말한 바 있다. 'AK-47'이란 정식명칭은 아프토마트(자동이라는 뜻)의 'A'와 칼라시니코프 이름의 'K'와 개발 연도인 1947년을 약자로 딴 것으로 이 사람은 작년(2013년) 12월 23일 향년 94세로 사망했다. 그가 시인을 꿈꾼 재주 많은 소년이었다는 사실은 매우 아이러니하다. 다루기 쉬우며, 내구성까지 두루 갖춘 AK는 소련군의 주력 개인화기로 채택되었고 그 공로를 인정받은 칼라시니코프는 1994년 러시아 최고의 영예인 '조국 봉사훈장'을 받기도 했다. 지난 60여 년 동안 생산된 AK-47은 무려 1억정이 넘는다. 2차 세계대전 이후 세계 각국에서 벌어진 거의 모든 무력분쟁에 AK가 등장한다. 1990년대에도 AK는 연평균 30만여 명의 인명을 앗아갔다. 핵무기나 생화학무기보다 AK가 더 많은 인명을 앗아간 '대량살상무기'란 말이 된다. 한국전과 월남전에서도 이 AK의 '딱쿵' 소리와 함께 수많은 아군이 희생되었다. 바로 위의 시에서도 세 번째의 딱쿵 소리와 함께 시인의 다정한 단짝을 쓰러뜨리는 우리와 악연이 깊은 총이다.

옆에서 전우가 쓰러지면 "눈에서 불꽃이 튀"며 분노의 감정이 격발되게 마련이다. 흥분된 감정은 행동 또한 거칠게 만든다. 마을은 불타고 "자욱한 연기가 하늘을 덮"는다. "여기저기서/ 컴온 고함소리, 겁에 질린 비명소리"가 낭자하다. 전쟁은 어차피 비참할 수밖에 없는 것이다. 그러나 "겁에 질린 비명소리"가 아녀자의 것이라면 마음이 아파진다.

여기저기서 폭탄이 터져 아군 피해 속출
사상 전우들 후송 헬기가 요란한 바람소리를 내며
수없이 날아왔다
착륙할 때 프로펠러 바람에 폭탄이 터지기도
사상 전우들 온몸에 선혈이 낭자
압박붕대로 지혈하면서 후송

(중략)

소대장 고함소리, 무전병 통화소리, 콩 볶는 총성
작렬하는 폭탄소리, 날아오는 헬기소리가
같이 뒤엉켜 아비지옥 전쟁터

그런 와중 소대장 외치는 소리
'이 수병이 깨졌다 전원 그 자리에 앉아'
깨진다는 소리는 부비트랩을 건드려 폭사
했다는 말

— 「부비트랩을 피하라」 부분

인용 시는 아비귀환의 전쟁터 모습이 여실하다. 여기저기서 폭탄이 터지는 소리, 아군 사상자를 후송하는 요란한 헬기의 푸덕거리는 날개소리, 지휘하는 소대장의 고함소리, 무전병의 통화소리가 콩 볶는 총소리와 함께 뒤엉켜 그야말로 지옥의 모습을 연출하고 있다. 여기서 폭탄 터지는 소리는 부비트랩이 터지는 소리를 말한다.

부비트랩은 일종의 함정이다. 의외로 오래된 기술로 땅을 파고 풀을 얼기설기 덮은 허방다리라든가, 받쳐놓은 나무를 건드리면 돌 더미가 무너지는 덫이 부비트랩의 원조라고 할 수 있다. 넓은 의미로 보면 물고기를 속이는 낚시도 일종의 부비트랩이 아닌가. 이것은 악랄한 위장과 꼼수로 사람을 살상시키는 물건이다. 위 시에서의 부비트랩은 지뢰나 수류탄과 같은 폭발물을 인계철선으로 연결하여 터지게 한 것이지만 외에도 다양한 부비트랩이 있다. 월남전에서는 쇠똥 발라놓은 꼬챙이, 날카로운 죽창, 심지어 씨레이션 깡통 등 여러 가지 속임수가 사용되어 아군에게 엄청난 피해를 주었다.

"새로 부임한 대대장"은 일렬종대가 아닌 "그물로 물고기 잡듯" "횡대로 대오를 벌여 전진하는" 작전명령을 하달했다. 개인적인 생각이지만 이 명령은 잘못된 것 같다. "적을 한꺼번에/ 쓸어버리자는" 의도였겠지만 "여기저기서 폭탄이" 터졌다는 말은 그만큼 부비트랩을 많이 건드렸다는 얘기가 된다. 일렬종대였다면 맨 앞의 노련한 첨병이 그걸 발견했거나 혹은 건드렸더라도 자신만 희생되었을 것이다. "대대의 각 중대가/ 소대별로 대오를 횡대로 전진"시켰기 때문에 이 수병이 깨지게 된 것이 아닌가. 많은 전과를 거두었겠지만 "아군 피해도 많이 속출"할 수밖에 없었음은 자명하다.

6.

전쟁서사의 클라이맥스는 「별의 넋은 하늘에 머물고」에서 최고조에 달한다.

수색하던 어느 날
수색조 생존자의 울먹이는 다급한 비보
매복한 베트콩의 집중사격으로
전원 전사 자기만이 구사일생으로 탈출

대기소대 즉시 출동 구출작전 전개
그러나
상황이 좋지만은 않았다
베트콩이 시신을 가지러 올 줄 알고
호 속에서 매복대기
베트콩 조준사격에
우리는 희생자 3명을 더 내고 말았다

전우들 눈에서는 울분과 분노가
이글이글 불타고 있었다
한 명도 남기지 말고 사살하라
소대장 핏발선 호령소리가 정글을 흔든다
아군은 성난 호랑이
작전 끝에 적을 6명 사살 남은 베트콩
겁에 질려 도망

얼마 후
은신한 전우 1명과 부상당하고 전사한 시신들
들것에 실려 돌아왔다
구출된 전우의 얼굴은 창백했고

들것에 실려 온 전우들은
귀신 잡던 기백 어디다 버리고
아무 말이 없다

헬기가 숨 가쁘게 도착
시신이 움직이지 않게 손과 발을 결박
헬기에 실어주는 전우들
울먹이며 눈물이 펑펑 쏟아져 내렸다
부상으로 피투성이 된 전우들의 신음소리가
망치로 가슴을 친다

— 「별의 넋은 하늘에 머물고」 부분

'지옥의 묵시록(Apocalypse Now)'의 한 장면을 보는 것 같다. 치열한 전투가 벌어졌다. 전방에 위치한 수색조가 1명을 제외한 전원이 전사했다. 살아남은 병사도 구출해야 하지만 시신도 반드시 회수해야 한다. 적은 그것을 잘 알고 있었다. 구출작전을 전개하기 위해 출동한 병사들이 매복해서 사격하는 적에게 3명이나 또 희생되고 말았다. 분노에 불타는 아군도 총력전을 벌려 적 6명을 사살한다. 남은 적들은 "겁에 질려 도망"했는지 작전상 후퇴했는지 사라져 버린다.

어떤 명분을 위한 것인지는 모른다. 그러나 살기 위해 또는 죽이기 위해 전쟁터를 뛰고 있는 인간들의 광기와 그 이면에 도사리고 있는 공포가 역력하다. 그렇기 때문에 인류문명에 있어 전쟁은 빠질 수 없는 화두의 하나가 된다. 세상에 존재하는 모든 생명체가 살아남기 위해 끊임없이 싸운다. 인간도 마찬가지다. 아무리 평범한 삶을 사는 사람에게도 산다는 것 자체가 전쟁에 비유된다. 도대체 전쟁은 무엇인가. '폭력으로 자신의 의지를 상대에게 강요하는 것'이라고 간단하게 말할 수 있다. 본질적으로는 개인 사이의 결투와 별 차이가 없는 것으로 보이기도 한다. 그러나 국가 간의 전쟁은 훨씬 많은 변수가 있고 그 개념도 복잡해진다. 소위 '정치'라는 것이 개입하기 때문이다. 즉 전쟁은 정치의 연장인 것이다.

그럼에도 많은 전쟁사 기술이, 특히 영화나 드라마에 등장하는 전쟁묘사는 전쟁의 본질적 요소를 파악하지 못하고 나아가 전쟁에 대한 곡해를 부추기는 감이 있다. 물론 어떤 영화에서의 전투장면은 현실보다 더 실감나게 처리된다. 내가 말하고자 하는 것은 그런 멋진 장면이 아니다. 내가 말하는 '지옥의 묵시록'은 영화가 아니라 진정한 '성서에 나오는 묵시록'이다. 현장에서 직접 체험한 사람이 '보고 느낀' 분노와 공포와 같은 인간심리를, 그 '보고 느낀' 당사자가 아니라면 어느 누가 그걸 제대로 인식할 수 있을 것인가. "시신이 움직이지 않게 손과 발을 결박"하는 처절한 심정을 느껴 보았는가. 그것을 헬기에 실으며 "눈물을 펑펑 쏟"아 내는 슬픔과 분노를 알기는 하는가. 참전용사들이 이런 묵시록 같은 상황에서 오직 생존을 위해 분투하고 있을 때 정치가는, 영화감독은 무엇을 하고 있었는가. 골프채나 휘두르고 있지 않았는가. 세트장을 빠져나와 여배우와 뒹굴고 있지는 아니했는가.

이글의 서두에서 경험에 의한 기억은 실제적 위기를 맞고 있고, 이런 위기는 지속적인 세대교체와 더불어 심화된다고 말한 바 있다. 문제는 당시 상황을 모르는 후대 사람들 -특히 역사를 평가하는 사람들- 이 생사가 엇갈리는 이런 살벌한 상황을 이해하지 못하는 일이 비일비재하다는 점이다. 특히 뭣도 모르고 아는 척하는 자들은 자신이 이해하지 못하는 것은 무조건 잘못되었다고 몰아붙이기까지 한다. 그리고 우긴다. 지나간 사건을 정확하게 복원하는 것이 쉽지는 아닌 만큼 본의 아니게 엉뚱한 해석을 내릴 수도 있다. 그러나 그런 해석을 기반으로 선배들의 업적을 멋대로 평가하는 것은 죄악이다.

7.

위의 시는 많은 것을 말하고 있다. "은신한 전우 1명과 부상당하고 전사한 시신들/ 들것에 실려 돌아"왔을 때, "귀신 잡던 기백 어디다 버리고" 구출된 전우의 얼굴은 창백했고, 들것에 실려 온 전우들은 말이 없었다. 그러나 이것은 바로 인간 본연의 모습이다. 죽음을 맞닥뜨린 사람이 보여주는 당연한 공포의 모습이다. 영화 속의 호랑이는 무섭지 않다. 그러나 호랑이와 직접 맞닥뜨렸을 때는 오줌을 지린다. 영화나 소설은 -억지로라도- 이 호랑이를 무서워하지 않는 우상을 만들고 싶어 한다. 물론 영웅을 갈망하는 대중 매체의 심리 때문일 것이다. 그러나 이렇게 만들어지는 영웅을 위해 평범한 다른 사람들은 매체 속의 바보가 되어야 한다. 게임에서 혼자 적을 수십 명 해치우는 영웅 유닛을 설정해 놓는 것처럼 용감한 영화 속의 영웅은 단신으로 수많은 적병을 처치하고 부대 전체의 승리를 이끌어 낸다. 그러나 그것은 거시기가 뭔지도 모르고 '탱자탱자' 하는 소리나 마찬가지다. 실전에서는 절대로 이런 영웅이 나올 수 없다. 물론 이인호 소령처럼 터지기 직전의 수류탄을 "자기 몸으로 덮쳐" 뒤따르는 부하를 살리는 영웅은 있다.(「살신성인 해병」) 이 경우는 영화 속의 영웅과는 질적으로 다르다. 아니 이런 경우의 영웅이 진정한 영웅이다. 전쟁은 조직화된 싸움인 것이고 영화 속의 영웅처럼 설치다가는 자칫 부대전체를 위험에 빠뜨릴 수도 있기 때문이다. 따라서 창백해진 구출된 전우의 얼굴이나 말없는 부상병의 모습은 전혀 문제 될 것이 없다. 당연한 인간의 모습일 뿐이다. 실전은 절대로 영화와는 다르다.

위의 시에서 기술하는 죽음보다 더 참혹한 죽음도 있다. 약 50미터 전방에서 적의 박격포 공격이 있었다. 이때 전우 한 명이 행방불명이 되었다. 형체도 없이 사라진 것이다.

적 박격포 1발이 전우 머리에 명중
허리에 찬 수류탄, 연막탄, 실탄이 같이 폭발

산산이 분해돼 없어져 버린 것
살 조각만이 사방에 흩어져 비참한 죽음을
말해 주고 있었다.

— 「넋이라도 찾아라」 부분

시인은 이 전우의 죽음에 대해 "육신을 흔적도 없이 잃어버린 넋의 눈물은/ 그 누가 닦아)준단 말인가!"며 통곡하고 있다. 이렇게 시신도 없이 산화해버린 젊음도 있다. 이처럼 철저하게 '무'로 사라져 버린 젊음을 어떻게 찍어낼지 영화감독에게 묻고 싶다. 거시기가 뭔지도 모르고 함부로 '탱자탱자' 하는 게 아니다. 절대로.

이 아비규환 같은 서사의 클라이맥스는 "그 후로도/ 매복, 기습, 소탕, 저격, 수색은 계속 됐고/ 쫓고 쫓기고 죽이고 죽는 공방은 끝이 없이/ 이어지고 있었다"(「넋이라도 찾아라」)라는 간결한 말로 전투의 계속을 담담히 기술하며 대단원으로 넘어간다. 실상 이 말은 전투, 특히 월남전의 모든 전투 양상을 압축하고 있다. 하기야 '죽고 죽이는 것'이 전쟁이 아닌가. 철학적 사유가 깊게 내재된 말이 아닐 수 없다.

8.

시인이 소속된 청룡부대 2대대 3중대 장병들은 1966년 6월 15일 병력 재충전을 위해 후방인 나트랑으로 이동하여 주둔한다. 지금까지 함께했던 병력 3분의 1이 전사나 부상으로 손실되었다. 우리가 상상하기도 힘든 병력을 잃은 것이다.

시인은 당시 부대 OP에서도 제일 졸병이어서 궂은일은 도맡아 한 모양이다. 야전 화장실 처리도 그의 몫이었다. 웅덩이 파고 나무 2개 걸치면 그게 바로 화장실인데 오물이 쌓이면 휘발유로 태워버리는 것으로 끝이다. 시인의 어법은 매우 진솔하다. 그는 일차 웅덩이를 태웠다. 그런데 "구더기가 살아 구물구물/ 아주 없애버려야 한다는 생각에/ 다시 휘발유를 따라서 화장실에 걸쳐 서서/ 붓는 순간/ 불씨가 남아 있었던지/ 펑하고 폭발하는 불길에 온몸이 휩싸였다" 1966년 7월 2일 그는 이 사고로 화상 3도의 큰 부상을 입었다. 즉시 야전병원에 입원해 피부이식수술을 받았으나 결국 허벅지에 큰 흉터를 가지게 된다. 시인은 이 흉터가 "월남전 참전 명예로운 훈장"이 되었다고 익살을 부리지만 입원 1개월 15일 만에 퇴원하고 그해 8월 30일 나트랑 비행장에서 제 2차 귀국 비행기에 오르게 된다. 그리고 이 전쟁서사시도 그 대단원의 막을 내린다.

우리는 언제나 무엇에 대해 인식을 한다. 인식은 외부에 존재하는 객관적 실재를 '의식 속에 능동적으로 반영'하는 작용을 말한다. 객관 사물을 능동적으로 반영 할 수 있는 능력은 모든 동물 중 오직 인간만이 가지고 있고 따라서 인식은 인간만의 특권이 된다. 그런데 인간은 자기 경험에 의해 사물을 인식하게 마련이다. 우리가 '똥'이라고 인식하는 것은 언젠가 그것을 보았거나 냄새를 맡은 경험이 있기 때문이다. 한 번도 보지도 듣지도 냄새도 맡지 못한 사람이라면 똥을 보고 '참 맛있게 생겼다'고 인식할지도 모른다. 어떤 경우라도 아무런 실천적 경험 없이 사물을 인식할 수는 없다. 따라서 인식에 앞서 반드시 경험, 즉 체험이 있어야 하는 것이다.

그런데 사람은 직접적인 실천을 통해 경험하기도 하지만 다른 사람의 실천을 간접적으로 듣고 배워 경험하기도 한다. 실제로 현재 주변 사물에 대한 대부분의 우리 인식은 앞선 선배 세대들의 직접적 실천경험을 통한 인식을 간접적으로 받아들여 배운 인식이다. 우리가 김치를 맛있다고 느끼는 것은 스스로 터득한 인식 같지만 이미 우리 입맛을 길들인 사회가 있었다. 어머니 젖을 통해 먹는 음식에 길들여진다는 말도 있다. 이처럼 앞선 세대들이 몸으로 부딪혀 터득한 그 경험을 우리는 간접경험의 혜택으로 물려받고 산다. 사회가 발달할수록 실천과 인식이 무관한 것처럼 보이는 현상은 바로 간접적으로 터득하는 인식이 많아진다는 의미가 된다. 사회적인 실천 성과들이 발전하고 축적될수록 우리가 받아들일 수 있는 간접경험의 폭과 깊이도 더 커질 것임은 당연하다.

그렇다면 누가 '현장'에서 '몸으로 부딪혀' '직접적'으로 '실천경험'을 한 '앞선 세대'인가. 이 일련의 어휘를 통해 즉각적으로 떠오르는 사람들이 있다. 바로 참전용사들이다. 우리가 여러 양상으로 간접경험의 혜택을 받도록 한 가장

강력한 사람들의 일군이 참전용사들이란 말이다.

글을 쓰는 내내 포연이 자욱한 전투지역을 배경으로 '쫒고 쫒기고 죽고 죽이는' 공방을 벌이는 용사들의 모습이 내내 지워지지가 않았다. 시인과 그와 생사를 함께했던 해병 전우들의 건영을 기원한다.

뒤웅박 소리

김병학

인쇄 2014년 10월 02일
발행 2014년 10월 05일

지은이 김병학
발행인 서정환
펴낸곳 신아출판사
주소 전북 전주시 완산구 공북 1길 16(태평동 151-30)
전화 (063) 275-4000 · 0484 · 6374
팩스 (063) 274-3131
이메일 shina2347@naver.com sina321@hanmail.net
출판등록 제465-1984-000004호
인쇄 · 제본 신아출판사

ISBN 979-11-5605-132-9 03810
값 10,000원

이 도서의 국립중앙도서관 출판예정도서목록(CIP)은 서지정보유통지원시스템 홈페이지(http://seoji.nl.go.kr)와 국가자료공동목록시스템(http://www.nl.go.kr/kolisnet)에서 이용하실 수 있습니다.(CIP제어번호: CIP2014026969)

Printed in KOREA